学校品牌文库

主编：李季

和于心 美于行

顺峰中学“和美”学校文化建设

HE YU XIN MEI YU XING

SHUNFENG ZHONGXUE HEMEI XUEXIAO WENHUA JIANSHE

赵晓芸◎主编　潘惠红◎副主编

和于心 美于行

和于心 美于行

暨南大学出版社
JINAN UNIVERSITY PRESS

中国·广州

图书在版编目（CIP）数据

和于心　美于行：顺峰中学“和美”学校文化建设/赵晓芸主编；潘惠红副主编．—广州：暨南大学出版社，2016.4
（学校品牌文库）
ISBN 978-7-5668-1752-5

Ⅰ．①和…　Ⅱ．①赵…②潘…　Ⅲ．①中学—校园文化—建设—佛山市—教学研究—文集　Ⅳ．①G637

中国版本图书馆 CIP 数据核字（2016）第 033950 号

出版发行：暨南大学出版社

地　址：中国广州暨南大学
电　话：总编室（8620）85221601
营销部（8620）85225284　85228291　85228292（邮购）
传　真：（8620）85221583（办公室）　85223774（营销部）
邮　编：510630
网　址：http://www.jnupress.com　http://press.jnu.edu.cn

排　版：广州市天河星辰文化发展部照排中心
印　刷：湛江日报社印刷厂

开　本：787mm×960mm　1/16
印　张：13
字　数：255 千
版　次：2016 年 4 月第 1 版
印　次：2016 年 4 月第 1 次

定　价：38.00 元

总序

学校特色发展是学校改进的"共生点"。与标准化、模式化的等级学校评估标准不同，学校特色发展是一种适合各种类型、各种性质、各种水平的学校的发展方式。不同特点、不同层次的学校都可以从特色发展中找到适合自己的发展之路。特色发展可以助不甘人后的学校跃上台阶，可以令曾经辉煌的学校再创佳绩，可以使徘徊不前的学校突破瓶颈，可以让排位居后的弱校绝处逢生，可以促名校更上一层楼。学校品牌工作室自2006年建立至2015年，近10年来，先后为广东、广西、湖南、湖北、江西、江苏、浙江、云南、四川、山东、黑龙江、重庆、北京等10多个省市近300所中小学、幼儿园提供了特色发展诊断、设计、规划与实施指导。经历这一过程后，大部分学校都已经成为所在省市或全国的特色品牌学校。

德育创新是学校特色发展的"生长点"。结合德育课题研究与实验，指导学校从德育课题研究中寻找学校改进的方向，从学校的传统特色中发现学校特色发展的主题，从学校的优势资源中提炼出学校创新发展的核心主题，形成一批以德育创新为"第二曲线发展"以推动学校改进的特色品牌学校。以广东为例，诸如广州市小北路小学的"阳光德育"、康有为纪念小学的"有为教育"、骏威小学的"童梦教育"、文昌小学的"文道教育"、冠华小学的"恒远教育"、大石小学的"相容教育"、新桥小学的"行本教育"、耀华小学的"玉品教育"、华景小学的"向往教育"、鸿图苑小学的"正品教育"，培新中学的"共生教育"、金华中学的"团队教育"、增城实验中学的"和雅教育"、广东实验中学的"导构德育"；中山市体育路学校的"德美教育"、西厂小学的"活力教育"、林东小学的"叙事德育"；佛山市里水中心小学的"内生教育"、九江中学的"点亮教育"、顺德一中的"高雅教育"、陈村职业技术学校的"精细德育"、顺峰中学的"和美教育"；东莞市松山湖实验小学的"无痕教育"；潮州市城南小学的"阳光教育"；惠州市惠东一中的"秀美教育"等。近年来，这些学校鱼跃龙门，先后成为特色品牌学校，获得"德育创新奖""德育示范学校""全国德育实验学校"等称号。实践证明，德育创新是促进学校特色发展的有效途径。

从资源诊断到模式构建，从核心理念形成到学校精神树立是学校特色品牌创建的必由之路。什么是学校特色？学校如何从特色演进为品牌？我们可以把学校特色理解为一种独特的风格、影响力与发展力。它具有“人无我有”的原创性与独特性，“人有我优”的领先性与优质性，以及“人优我变”的发展性与持续性。然而，学校特色不仅在于它的独特个性，还在于它有自己的核心理念，能够形成最适合自己的模式体系和校本文化特质。更为重要的是，学校特色品牌是学校的精神追求与价值取向的集中体现，能够唤醒、凝聚、形成学校积极进取和不断向上的精神。换言之，学校精神的树立才是学校特色品牌发展的本质内涵和核心任务。学校特色品牌构建是一个历程。特色资源诊断、核心理念提炼、模式体系构建、教师行为落实、学校文化营造和学校精神树立是从特色到品牌之路的六个基本步骤。经历这“六部曲”，学校才能实现从项目特色到学校特色，从学校特色到特色学校的持续发展。

学校特色品牌创建的实质和意义是什么呢？我们以为，那就是：

确立一个愿景，明确学校发展目标；

树立一种精神，凝聚师生价值追求；

建立一种信念，唤醒心中育人情怀；

设立一个支点，激发师生团队智慧；

经历一个过程，促进教师专业成长。

换句话说，也就是帮助和引导学校寻找和发现最适合自己的发展之路，让更多的学校找到从特色到品牌发展的阶梯，从而成就更多的校长、教师、班主任的品牌理想。这就是学校品牌工作室的使命，也是“学校品牌文库”的愿景。我们将为此而不断努力，上下求索。我们理想中的学校品牌文库，不仅是特色学校、品牌学校、学校特色项目以及名校长、名教师和名班主任的汇集，更是每一类学校通过“第二曲线发展”而改进自己、成就自我的平台。这既是我们的愿景，也是与学校共同发展的一种勉励。谨以此为序。

李 季

2016 年 1 月 21 日

目　录

上　编　“和美”教育理论研究

下　编　“和美”教育实践与反思

上　编
“和美”教育理论研究

以美启和　以和达美

赵晓芸

“和美顺中”走过了不平凡的六年。我们立足校情，主动作为，紧紧围绕“和美”这一核心理念，一步一个脚印，一年一个台阶，连续四年荣膺广东省佛山市顺德区先进学校称号，上级的充分肯定给予了奋斗中的顺峰人莫大的鼓舞；“金杯银杯不如老百姓的口碑，金牌银牌不如顺峰的品牌——和美顺峰”，来自学生家长的褒扬更是使辛勤耕耘的顺峰人获得了无穷的动力。不断超越、争取更好已成为顺峰人的进取目标和共同追求。从家庭、学校、政府到社会，和谐带来了顺峰教育的进步和发展。回顾顺峰中学“和美”学校文化的建设历程和顺峰教育的发展历程，是凝聚心灵的分享，更是对美好和幸福的分享。

一、“和美”教育文化主题的提出

广东省佛山市顺德区顺峰中学办学投入优势明显——政府斥资 1.7 亿建造。“高起点、高标准、高规格”，使我校从一开始就有了更高远的办学目标定位。更有兄弟学校的鼎力帮扶，以及学校公开招聘到的一批优秀教师，使学校的师资力量有了一定的保障。但学校办学的薄弱环节也很明显：学校地处城乡接合部，家长的文化素养、家庭教育水平参差不齐；学校属于划片招生的公办学校，生源无法选择且学生差异大，外来务工人员的子女呈逐年增多趋势。学校 2/3 的教师是从毕业生中招聘入职的，65% 是 35 岁以下的年轻教师，教师平均年龄不到 32 岁，年龄结构比例失调，加之教师们来自于五湖四海，文化差异也很大。

面对这样的校情、生情和师情，如何能在短时间内凝聚人心、形成共识呢？何种共识既能适用当下又能行之久远呢？“和美顺中”文化便在此因缘际会下应运而生。

2008 年的北京奥运会是中国国力强大的见证，更是中华悠久文明的集中呈现。开幕式上不同字体的“和”字造型给了我强烈的震撼和莫大的启发。《中庸》有言：“和也者，天下之达道也。”“和”作为儒家的施政理念和最高伦理准则，世代受到中国人的推崇。中华文化之所以能历久弥新，全赖于“和”文化的浸润与影响。在我看来，教育也需要“和”，若能达到“和”，教育一定能达到最美好的境界，顺峰尽管才起步，倘若能做到校“和”，则教育定兴。教师间、师生间、学生家长间、学校和社会间，相处像家人，和睦和谐，互敬互爱，学校发展和教育进步就能赢得厚实的基础和有力的依托。孔子说：“君子和而不同，小人同而不和。”我们追求的不是利益一致的相互勾结，不是趣味投合的共同满足，而是在相互尊重的基础上取长补短，在尊重差异发展的基础上共同进步。尊重意味平等，平等方可融通，融通带来协调，协调促进合作，合作达成分享，分享推动发展，最后才能实现个性发展和整体进步的统一，达到个人价值和社会价值的统一。这就是“以和达美”。这样的美，不是单纯的个体服从整体的教育发展，更不是压抑个性发挥的所谓“社会进步”，而是最默契、最自在、最健康、最适合的成长与成熟。

基于对“和美”的认识，我们确定了以“和美”文化建设带动学校教育发展的实践策略。著名教育家于漪认为：“学校文化是学校的灵魂，是凝聚全校师生的黏合剂，是学校发展活力的源泉。”六年来，顺峰中学“和美”学校文化建设贯穿了整个办学过程，从学校文化标识的形成到师生“和美”教育文化共识的建立，再到“和美”教育文化体系的构建，展现了文化生成的复杂过程。正是在这种凤凰涅槃般的炼造中，顺峰人实现了自身的改造，让顺峰从一开始就将自己放在更高的起点上——克服了积累的短板，顺峰已经跃身领先的行列。这是顺峰的骄傲，更是每一个顺峰人的骄傲！

二、顺峰中学“和美”学校文化建设

走文化立校之路，需要全方位构建学校的文化体系，不可能单靠校长一个人完成，因其精力、能力都非常有限，大家的智慧才是无穷的。为此，学校专门成立了“和美”品牌策划部，其主要职能是行使“和美”学校文化建设与推广、教育教学研究督导等方面的创新决策。它作为校长参谋的组织定位，将顺峰“和美”特色向广度、深度开发，实现了学校品牌的提升。

顺峰中学“和美”教育目标体系（顺峰中学“一训三风”）：

校训：和于心　美于行
校风：正而雅（端正博雅）和而美（崇和尚美）
教风：教而育（教书育人）授而导（授业导行）
学风：学而思（学思结合）知而行（知行合一）

顺峰中学“和美”教育思想体系：

“和而美”与“和而不同”的教育观
“和美”人格的生命发展观
“内和外美”的修行观
“和美顺中”与“顺峰家人”的学校人际观

顺峰中学“和美”教育实践体系：

“和美”思想及办学理念要想接地气，就必须通过学校教育教学活动践行，才能推广、渗透。以“和美”特色学校文化建设为主线，以办公室、德育处、教务处、总务处四个职能处室为串珠，一线连珠，珠联璧合，各处室能围绕“和美”教育主题有理念，讲策略，不散乱，有目的、有计划地进行研究、实践，四个处室体系结构已经初步形成，并已开启系统的研究与实践：建设“和乐校园”（包括打造“和馨后勤”），开展“和合教学”，实行“和心德育”。

三、和美学校文化对学校教育产生的影响

（一）和风以境

学校的景观是静态的，建筑是固化的，倘若为其赋予文化意义，所有建筑与景观都会鲜活起来。顺峰像一张白纸，只要我们用心，就可以在上面画出最新、最美的图画。围绕顺峰“和美”的核心理念，我们对校园文化和学校形象等进行了全方位的精心规划、设计和包装。视觉包装是最直接的，走进顺峰，无论在何处都会深受“和美”文化的熏陶，和风细雨般地浸润在“和美”氛围之中。

白玉兰花托起的学校导示图，清晰地告诉来宾，我们学校整体布局明晰，场馆齐全。和馨、和乐、和顺、美德、美心、美行，以冠楼名，是顺峰人对“和美”教育目标的诠释。

现在的顺峰已经有十大景观，如“和美”文化标识、手摸墙、和心馆、微格教室、艺美苑、桂和园、“和和”“美美”吉祥物等。顺峰十景的建设，一方面为师生营造了更好的校园文化氛围，另一方面也为师生提供了更多的展示平台，同时也给师生们课余放松心情提供了一些好去处。

每一处景观都被赋予了深刻的内涵，并配上写意文字。此外，顺峰还有一个

由学生组成的顺峰导游团，负责向来宾介绍各处景观。每年新生入校，爱校教育活动之一就是参观校园，了解顺峰“和美”校园文化是每届新生的必修课。

（二）和教以心

学校的发展，教师是关键。教师“心和”，才能“行合”。有效提升教师团队的敬业度与投入度，是每一个管理者必须面对并要解决的问题。

顺峰中学通过建立顺峰新型教师同事关系——同事 = 同志 + 家人，来凝聚老师的向心力，让老师们自觉地用心、用情去工作，推动学校向前发展。

教师团体应该是有精神追求、富于理想的团体。教师的合作要建立在对学校发展的共同追求上。有共同的追求，自然就会产生向心力和战斗力。教师合力最终凝聚在对“和美”教育理想的认同中，顺峰教师共同拥有属于大家的“和美”教育追求。为了增强教师对“和美”教育的认同及凝聚力和归属感，学校利用期初、期末开会讲话的机会激励教师，制作顺峰年度电子相册打通心脉，还举行各种活动来联络感情，目的就是树立“爱我顺峰、共进共赢”的教师团队精神。集体活动，团队参加，共同分享，无形中就增强了教师们的归属感和凝聚力。共同进取才能共同发展，只有乐于群体参与的团队才是好的团队。值得高兴的是，经过几年的共同努力，顺峰教师有了各色各样的文化分享平台：①学习分享平台：校长荐读、教师荐读、在线呼教。②教育教学经验分享平台：顺峰大讲堂、班主任沙龙、青年教师沙龙、名师宣讲团。③价值分享平台：和美教师之星、我最喜爱的教师、和美教师升旗手。④综合分享平台：校报校刊、教师文集、社会实践活动等。有了这些平台，教师们的精神生活丰富了，教师们事业发展的内驱力也增强了。

（三）和学以情

学校的发展，学生是核心。根据学生的特质，课堂上，开展师友互助，促进同学间互帮互学；课外，活跃学生社团，培养伙伴默契。和谐班级是培育伙伴文化的土壤，我们也注意多方努力建设和谐班级。相知同学，信赖伙伴，是初中生最纯真、最美好的情怀。心理专家都说，初中生伙伴之间的影响胜于家长与教师。我们欣喜地发现，相帮以学、互教以情的风气正在延展，顺峰新的伙伴文化已悄然形成，过去学生被动学习的情形得到了很大程度的改观，通过学伴人际的改善，学生发展的内驱力得以激活。

（四）和治以新

创新是学校特色发展的不竭动力。顺峰拥有一支甘于奉献、勇于进取、充满活力的团队，不少教师都很有创新精神，他们能创造性地执行学校的决策。校长的思想变成大家的思想，产生价值认同和行为跟进，团队的战斗力得到提高。

首先，顺峰团队进行了办学模式的创新。学校争取社会力量的深度支持，通过成立学校"和美"教育促进会，开展外辅式办学模式的探索与实践，突破过去单纯吸纳资费的做法，把重心放在向社会物色学校管理资源和教育资源上，发动那些对学校教育有心也有力的人士加盟"和美"教育促进会。把他们的事业实力、管理智慧和人生阅历整合起来，为他们、也为学校构筑"协同共治"的平台，探索个人价值实现、学校教育发展和社会文明进步互动多赢的融通机制。我们还注重学校教育与社会教育、家庭教育和谐发展的教育合力融通。一方面大力推进和兴家校社区互动，实现联合教育。通过家委会，学校与家长及时沟通、相互配合，提升对学生的品质教育。同时借助各级关工委、居委会、派出所等社区力量，实行学校德育进社区、社区德育进学校，呈现学校社区双向互动、多方共赢的局面。

其次，顺峰团队进行了教育方式的创新。学校采用真人图书和家长大讲坛的形式使更多人、尤其是促进会理事们的人生阅历和智慧变成了更具体、更生动、更贴切的教育资源。以真人图书为载体，实现了"让教育走向社会，让社会走入校园"，建造了学校与社会双向互动的实用平台。在这里，凡乐意与他人交流分享阅历和经验的都可成为"图书"，实现了教师角色的开放扩容，促进了教育方式和学习方式朝着开放与主动发展。社会力量亦从过去的单纯输资兴学变成了自身主动、直接参与教育。学生们也通过与真人图书的双向交流，开阔了视野、增加了见闻，分享体验不一样的人生，同时提高了与人沟通的能力及表达能力。

最后，顺峰团队还创新地完善了学校内部治理，建构了"六会联动、和美共治"的学校权力运行架构，并出台了《顺峰初级中学学校章程（草案）》。在章程草案的基础上，我们正进一步制定相关规程和细则，并已开始在局部落地试行。现代学校制度的改革和创新是一件大好事，希望通过它激活顺峰师生参与学校治理和建设的巨大热情，也希望借此获得社会对顺峰办学的更多关注和参与。

六年的时间，一所成长中的学校显得还过于稚嫩，但顺峰家人始终保持对"和美"教育理想的执着追求，一直走在"和美"文化建校的路上，哪怕坎坷，哪怕艰辛。今后，我们将怀着更开放、更包容、更乐观、更积极的心态努力在"和美"教育的路上走得更快、更稳、更远。

“和美”特色学校文化建设研究

赵晓芸

一、研究背景

学校因文化而成名，学校因文化而恒久。文化育人是一种既古老又崭新的教育理念，自古以来便是教育的核心。顺峰中学和美文化的选择与构建基于我们对人类生活的理想和对积极的世界观、社会观的坚持。

人类从未停止过对理想世界的构想与追求。从中国古代大同社会的构想到对共产主义理想的描述，表达的都是人类在不同时期对社会理想状态的主观期待与描述。大同社会，追求的是“幼有所长，老有所养，壮有所用”，要求“男女各得其所，各司其职”，要求“物尽其用，人尽其才”，这种想法基本立足于生活的和乐与社会的稳定之上。共产主义理想在生活上要达到“各取所需”，想要什么就能满足什么，“劳动成为人的第一需要”，要求人人具有劳动自觉性。时至今日，大同社会只怕已难满足我们的需要，共产主义目标又还过高。除去政治的考量，人类对未来世界的期待都落在社会的和谐与生活的美好上。换言之，社会的和谐和生活的美好是人类社会孜孜以求的理想世界。简言之，“和美”是人类理想的浓缩。

不难发现，人类理想的层级最核心的体现应该在需求自觉和劳动自觉的程度上。需求自觉不是人对欲望的克制，而是对欲望的调节。劳动自觉也不是个人对社会的牺牲和奉献，而是劳动付出和欲望满足之间的社会协同。需求自觉与劳动自觉应随社会渐进而渐进，应随社会发展而发展。需求自觉与劳动自觉若能适合当时的社会现状，就会平衡，就会稳定，就会持续发展。人内在的平衡就是“和”。人和达众和，社会才和谐，生活才美好。以和达美，以美济和。个人内在的平衡；可以达到生活的美好；人人内在的平衡，可以实现社会的美好。反过来，个人生活的美好，可以调节个人内在的平衡；社会的美好，可以调节人们内在的平衡。以和达美，以美济和，是人类文明进步和社会发展的必由之路。因此，“和美”集中表达了积极的世界观和社会观。

教育理想是社会理想的组成部分，甚至是超前的组成部分。因为教育要为社会培养未来人，要为未来社会新的生活方式和社会方式进行预构。未来人必须具有相当程度的需求自觉和劳动自觉，并且要懂得如何去调适和发展这种自觉。要达到这样的自觉并懂得如何调适和发展，就必须建立健康的心智与和美的人格，并具有一定文化自觉。这就构筑起了我们的“和美”教育理想。

《中庸》有言：“和也者，天下之达道也。”“和”作为儒家的施政理念和最高伦理准则，世世代代受到中国人的推崇。中国之所以能岿然而立全赖于“和”文化的浸润与影响。教育也需要“和”，教育若能达到“和”，一定能达到教育最美好的境界。孔子说：“君子和而不同，小人同而不和。”我们追求的不是利益一致的相互勾结，不是趣味满足的共同投合，而是在相互尊重基础上的取长补短，是尊重差异发展基础上的共同进步。尊重意味平等，平等方可融通，融通带来协调，协调促进合作，合作达成分享，分享推动发展，最后才能实现个性发展和整体进步的统一，达到个人价值和社会价值的统一。这就是“以和达美”。这样的美，不是单纯的个体服从整体的教育发展，更不是压抑个性发挥的所谓“社会进步”，而是最默契、最自在、最健康、最适合的成长与成熟。

综上所述，“和美”是人类理想的浓缩。文化诉求中最核心的价值诉求是树立我们民族“和实生物”“和而不同”“和而美”的崇和精神，推崇“和为贵”的价值观，把包容差异、求得平衡视为文明之本和处世之道。

我们把“和美”作为学校文化建设的核心词，是对中国教育改革现状审慎思考后做出的坚定选择。

学校文化是学校精神和学校教育的重要组成部分，是学校办学理念的具体化、实践化的表现形式，是体现学校教育宗旨的直接、真实和常态的平台，更是教育和影响学生身心健康，特别是行为习惯的客观环境和“隐性课程”。尤其是对正处于社会化敏感时期和关键时期的初中生来说，环境熏陶、同伴影响的作用和意义特别大。因此，建设良好的学校文化，营造积极的教育环境，对于促进初中生行为、品德以及素质的全面发展与身心健康具有十分重要的理论与实践双重意义。然而，在学校办学实践中，学校文化建设普遍存在两种倾向：一是将学校文化等同于校园文化建设，如用“书香校园”建设作为学校文化建设的主题，跟风现象突出，缺乏鲜明的主题，而且没有与学校的特色发展、整体发展和品牌建设结合，因而缺乏深度；二是学校文化建设“重环境轻精神”“重形式轻内涵”“重展示轻效应”现象明显，只注重学校文化的陈列、装饰等表层性外显功能和形式作用，忽视了学校文化的教育影响人的内涵功能和本质作用。

1. “和美”特色学校文化建设校本研究是素质教育个性化的要求

中国教育的主题是全面实施素质教育。2010 年 7 月国家颁布的《基础教育规划纲要》提出，坚持以人为本，全面实施素质教育，是教育改革和发展的战略主题。素质教育是人才培养的模式，是学生终身受益的教育模式，是超越了知识与能力涵盖的更高层级的教育模式。顺峰中学“和美”特色学校文化建设校本研究以文化建设与文化影响为引领，重心放在和美人格的培养、健全心智与能力的教育目标上，是对素质教育的个性化实践。

2. 立足提高教育教学质量是“和美”研究的核心

国家督学、原教育部基础教育司副司长、《人民教育》杂志总编傅国亮先生在首届全国“和美”教育论坛上谈到，提高教育质量是当前教育改革发展的核心任务。围绕这个核心任务，他认为需把握三个要点：第一，要关注转变人才培养模式；第二，要关注教学改革；第三，要关注教师专业化发展。把人才培养模式的改革作为第一项，这是一个重大变化。顺峰中学从人才培养模式创新出发，把“和美”研究的核心任务放在提高教育教学质量上，切实解决影响教育教学质量的问题，相信这一实践必然带来实际的效果。

3. 注重整体、特色、品牌发展三结合是“和美”特色学校文化建设具有推广性的前提

“和美”特色学校文化建设校本研究首先着眼于整体发展。一方面，“和美”特色学校文化自成体系，能围绕“和美”教育主题有理念，讲策略，不散乱，有目的、有计划地进行。另一方面，“和美”特色学校文化建设注重群体参与、全员参与。因为文化是我们的，非我的；是群体的，非个人的。

“和美”特色学校文化建设校本研究重视其特色的发展。其特色有三：一是讲求文化隐性渗透。文化虽没有脚，没有翅膀，却是无孔不入的。“和美”文化体现在校园的每一个角落，它不是打造，而是浸润。二是注重文化自觉的建立。“淡化强推，激活主动，自主体认，和美入心”，是我们奉行的原则。三是“和美”教育能体现大教育观。积极推动学校教育、家庭教育和社会教育“三教合一”，以建立和谐互动、相互支持为基本特征的“三同式”（同向、同步、同力）“和兴家校”模式，发挥学校、家庭、社区、社会合力联动、共同育人的功能，营造合作共赢的家校文化。

“和美”特色学校文化建设校本研究重视学校品牌建设：一是能立足学校内涵发展建品牌，抓住均衡和优质的基点来开掘学校文化的教育内涵，从中开启“和美”教育的独特门径，提高学校品位；二是在教育教学过程中能重视精神的成长和思维的开启，提升人的品位。

二、理论依据及国内外研究现状

（一）理论依据

1.“文化育人”理论

文化具有潜移默化、润物无声的熏陶、教育、影响功能。“和美”特色学校文化建设依据文化育人理论，探讨“和美”育人的学校文化发展模式。

2. 品德形成发展“内生外化”理论

学生的品德形成发展不是单向灌输的过程，而是在教师有效指导和师生互动过程中，学习认知主体品德自我建构和外化为行为规范的过程。“和于心、美于行”的特色学校文化建设以品德生成的“内生外化理论”为依据。

3.“第二发展曲线”理论

“和美”特色学校文化建设是学校特色发展、创新发展、优质发展和持续发展的基础，是“第二发展曲线”。“和美”特色学校文化建设是学校德育特色发展的聚焦点。

（二）研究现状

2012 年 10 月 24 日至 28 日，在四川成都举办的首届全国“和美”教育论坛是由全国“和美”教育论坛联盟筹委会、《人民教育》杂志社发起主办的，这是“和美”教育文化研究具有阶段总结、理念引领和教育启迪的一次权威性的教育研究交流盛会。来自全国 20 多个省市的近百所致力于“和美”教育研究与实验的学校共 300 余名代表齐聚一堂，就“学校文化建设与“和美”教育”议题展开了广泛而深入的研讨交流。会上，全国 13 所实践“和美”办学的精英学校从学校环境文化建设、教育改革、教学研究、教师发展等多方面进行了汇报交流。

和美教育作为一种教育文化能在全国引起如此广泛的兴趣和关注，这一现象本身就值得人们去关注。从 13 个发言单位的经验介绍来看，“和谐”“和睦”“和乐”“和合”“协同”“合作”等成为解读“和美”文化与构建“和美”教育采用频率最高的词汇。傅国亮先生在会上对中国教育十大基本问题做了阐述，对“和美”教育的探索具有指导意义。国家督学、江苏省教科所教授成尚荣讲了这样一番话：“恩格斯说过，文化上的每一个进步，都是迈向自由的一步。文化力量是推动学校发展的。一所学校需要有一个文化主张，也就是学校的核心理念，这是学校的灵魂，有了灵魂，学校就能找到教育的根据，这样，就能不断向前推进，向上提升，文化的力量可以造就一所好的学校。文化的核心问题是价值观问题、信仰问题。”这些话语对正在努力探索前行的教育工作者是有所裨益的。

值得肯定的是，中国的学校开始有了自己的文化诉求。这是中国搞活基础教育、社会环境宽松化的预期。可以期待，中国学校的文化诉求会越来越多，越来越具有自己的特色，越来越个性化。这种文化突破或突围，是走向开放、融入世界的必经门径。这种文化诉求目前也许是较为平面的，但今后肯定会朝着立体动态的方向发展。

另外，值得肯定的是，中国的学校文化开始有回归民族本位的倾向。从苏联模式到日韩模式再到欧洲模式，自新中国成立以来就没有停止过对他国的效仿。是移植也好，是嫁接也罢，中国教育始终未能很好地扎根中国文化的土壤。任何学习和借鉴都只能是改良。回归民族本位，同时予以改良，当是中国学校校园文化建设的方向。

三、课题的界定及价值诉求

（一）课题的界定

“‘和美’特色学校文化建设校本研究”课题有三个关键词：“和美”特色、学校文化建设、校本。因此，对课题的界定是以“和而美”“和而不同”“内和外美”为主题进行特色学校文化建设，以促进和达成学校“以‘和美’教育培育‘和美’之人”的“和美”育人理想，并通过顺峰中学“‘和美’特色学校文化建设的校本研究”的个案，为区域和更大范围内的学校尤其是同类学校的“特色发展”提供范例。

（二）课题的价值诉求

文化对于教育，影响是最深远的。因此，学校教育要给学生最深刻的变化，就必须从学校文化建设开始。顺峰中学将“践行和美教育，成就和美人生”作为自己的教育理想和办学宗旨，就是要培养师生的文化自觉，健全学生的心智，培养学生的独立人格。顺峰中学的教育要把优秀传统文化与现代文明结合起来，施行带有鲜明民族特色和强烈时代精神的学校教育。树立民族“和实生物”“和而不同”“和而美”的崇和精神，推崇“和为贵”的价值观，把包容差异、求得平衡视为文明之本和处世之道。倡导民主法治、公平正义、自由平等，形成团结互助、平等友爱、互帮互学、协同共进的良好风尚，提升师生尊重自然、顺应自然、保护自然的意识，将民族的自强不息、浩然正气与现代平等合作精神融会贯通，形成学生高雅卓越的志趣，使其具有积极向上的精神风貌，乐观豁达、融通互助的生活态度与平和务实的生活作风。这就是我们文化诉求中最核心的价值诉求。

从价值诉求出发，我们将校园文化、德育教育、教学实践和后勤服务作为达成诉求的通道。这是一个“内和外美”的发生教育的过程。将其中蕴含的各种各样的美激活起来，“以美启真”“以美储善”“以美达和”，内化为学生丰富而充满个性的精神世界。这就是“内和”的教育发生。再通过学生的行为、习惯、活动、作风和社会实践外显出来。这就是“外美”的教育发生。学生对自己的知会、体验不断修正，深层内化，才最终达到文化自觉。具有这样的文化自觉的人，就会是“和美”的人，就具有“和美”的人格。

四、课题的研究成果

（一）建立起顺峰中学“和美”学校文化体系

基于对“和美”的认识，我们确定了以“和美”文化建设带动学校教育发展的实践策略。六年来，顺峰中学“和美”文化建设贯穿了整个办学过程，从学校文化标识的形成到师生“和美”教育文化共识的建立，再到“和美”教育文化体系的构建，展现了文化生成的复杂过程。

顺峰中学“和美”教育目标体系（顺峰中学“一训三风”）：

校训：和于心　美于行
校风：正而雅（端正博雅）和而美（崇和尚美）
教风：教而育（教书育人）授而导（授业导行）
学风：学而思（学思结合）知而行（知行合一）

顺峰中学“和美”教育思想体系：

“和而美”与“和而不同”的教育观
“和美”人格的生命发展观
“内和外美”的修行观

“和美顺中”与“顺峰家人”的学校人际观

顺峰中学“和美”教育实践体系：

“和美”思想及办学理念要想接地气，就必须通过学校教育教学活动践行，才能推广、渗透。以“和美”特色学校文化建设为主线，以办公室、德育处、教务处、总务处四个职能处室为串珠，一线连珠，珠联璧合，各处室能围绕“和美”教育主题有理念，讲策略，不散乱，有目的、有计划地进行研究、实践，四个处室体系结构已经初步形成，并已开启系统的研究与实践：建设“和乐校园”(包括打造“和馨后勤”)，开展“和合教学”，实行“和心德育”。

(二) 形成了“以美启善、以和达和”的和乐校园文化

校园文化是学校教育文化的重要组成部分，是全面育人不可或缺的重要环节，是展现校长教育理念、学校特色的重要平台，是规范办学的重要体现，也是教育体系中亟待加强的重要方面。中小学校园文化通过校风、教风、学风以及多种形式的校园文化活动、人文和自然的校园环境等给学生潜移默化且深刻的影响。这种文化，是超越于知识传授、能力培养与方法渗透的一种更高层次的自觉追求，它是一种健康的、和谐的、积极的、人文的、向上的和可持续发展的学校氛围。这种文化体现了治学之严谨，人文之关怀，艺术之品位，审美之感动，创新之激情，儒雅之风范，诗性之世界，理想之追求，健康之精神……总之，这种文化具有高尚的价值取向，是学校的灵魂所在。

顺峰中学在校园文化建设上，有以下几方面的考虑，并初步形成了自己的特色：一是重视校园文化建设的主题引领，无论是校园物质文化、制度文化还是精神文化，都围绕“和美”学校文化主题展开，最后实现价值认同的共同投向。二是注重物质文化的“隐性”教育，注重精神文化的“润化”教育，注重制度文化的“生活”教育。三是顺峰中学的校园文化追求达到“以美启善、以和达和”的教育效果。

1. 以美启善的校园环境

通过校园环境物化存在的形式表现主观的教育意图，需要认真设计、主题构思，才能使之在教育中发挥有效的影响。

教育者有明显的教育意图，但在教育过程中，受教育者没有明显的受教育意识，在不知不觉中悟到了某种道理，往往是意料之外的。或是教育者通过创设一

种情景，使受教育者去感受某种道理；或是教育者通过适当的引导，让受教育者自己去探索正确的做法。这样的德育教育，避免了显性的灌输，避免了空洞的说教，启发了受教育者的自觉性和主动性，通过受教育者的亲身体验，得到对人生的真切感悟。

学校的景观是静态的，建筑是固化的，但倘若为其赋予文化意义，所有建筑与景观都会鲜活起来。顺峰中学像一张白纸，只要我们用心，就可以在上面画出最新、最美的图画。围绕顺峰“和美”的核心理念，我们在校园文化和学校形象等方面进行了全方位的精心规划、设计和包装。视觉包装是最直接的，走进顺峰，无论在何处都会深受“和美”的熏陶，和风细雨般，浸润在“和美”氛围之中。

白玉兰花托起的学校导示图，清晰地告诉来宾，我们学校的整体布局明晰、场馆齐全。和馨、和乐、和顺、美德、美心、美行，以冠楼名，是顺峰人对“和美”教育目标的诠释。

现在我们顺峰已经有十大景观，包括“和美”文化标识、手摸墙、和心馆、微格教室、艺美苑、桂和园、“和和”“美美”吉祥物等。顺峰十景的建设，一方面为师生营造了更好的和美校园文化氛围，另一方面为师生提供了更多展示的平台，同时也给师生课余放松心情提供了一些好去处。

每一处景观我们都赋予它深刻的内涵，并配上写意文字。我们顺峰还有一个由学生组成的顺峰导游团，负责向来宾介绍各处景观。每年新生入校，爱校教育活动之一就是参观校园，了解顺峰“和美”校园文化，成了每届新生的必修课。

2. 以善达和的精神文化

(1)“顺峰家人”的精神凝聚力。

教师职业的单纯性决定了教师除了自己的小家还有学校这个大家。因此，顺峰用“家”的理念来经营学校。能达和者，莫过于家。以经营“家”的精神来经营学校，则必能和谐。顺峰中学在教师心中有一个共同的名字——家，教师之间也有一个共同的名字——家人。营造顺峰“家”文化，以“顺峰家人”凝聚构建“和美”校园文化。家有家的形态、家的氛围、家的感觉。顺峰是以级组为单位办公的，级组的布置由各级组自行设计。于是，各级组想方设法，为教师们创设温馨美丽的办公环境。办公室有顺峰家人的集体照，每位教师的桌面上还摆放着富于个人风格的教师相框。此外，功能齐备的茶水间、整洁有序的会议室等，让每个级组都有一个相对独立的活动空间，顺峰家人可以在这里交流沟通，也可以进行教研交流。而今，顺峰已成为一个彼此友爱的大家庭，嘘寒问暖、互助互爱、已成为顺峰家人相处之道。顺峰家人以主人翁的姿态投入顺峰大“家”的建设与发展当中，“和美”、温情的校园秩序得以确立。

（2）“和美顺中”口号的精神鼓舞力。

如果说“顺峰家人”的称呼在教师中起到了凝聚精神的作用，那么，“和美顺中”口号的提炼和呼喊则对学生产生了极大的精神鼓舞。“和美顺中，心和行美，爱我顺峰，共进共赢”，表达的是对全面发展、内外兼修、团结合作、共同进步的集体的热爱，体现了“和美顺中”的核心精神。同学们利用升旗礼、集会和出操等机会，响亮地喊出“和美顺中”口号，既提振了精神，又为“和美”文化的认同起到了促进作用。

（3）互助型学生群体的建设与新的学生文化的形成。

“三生教育”德育校本课程的开发、“师友互助”学生关系的构建、体验式德育活动的开展、学生社会实践基地的开辟、校际间“结对子”交流模式的启动、真人图书的建馆与阅读等，从生命价值、人际关系、学用关系、文化兼容、互动分享等多个维度带给学生崭新的认识，提供了有益的人生历练。和出本心，美行有素，“和美”教育又为学生的幸福成长插上了翅膀。顺峰中学师生双翼齐飞，使学校产生了翻天覆地的变化。

（4）充满情趣、乐享进步的校本节庆文化。

一年一度的体艺节、读书节和毕业典礼是全校师生共同经营、校内校外共同参与的传统校本节庆。校本节庆文化成了提高参与度、扩大展示面、深化文化体悟的校园文化形态。师生、家长乃至社会上关心教育的人都能从中体验校园生活的独特情趣，分享学生进步和学校发展带来的幸福。班徽展示、动漫创作比赛、灯笼制作、扇画展示、入场式表演、家校同读、课本剧表演等，师生们美美与共、各美其美，校园文化丰富多彩、妙趣横生。

3. 以和达和的制度文化

（1）激活内外办学活力的现代学校制度文化。

两年前，顺峰中学被确定为顺德区现代学校制度改革试点学校，再次赢得了为学校发展寻求制度保障的机会。厘清权责边界，搭建治理架构，制定学校章程，组织落地试行，顺峰中学不仅走出了制度创新的清晰路径，而且在广泛参与的过程中激活了办学能量，使学校呈现出了蓬勃生机。“六会联动、和美共治”学校治理结构的搭建，将“和美共治会”作为学校的顶层决策机构，以学校校务委员会和年级校务委员会组成的执行机构使学校管理实现了扁平化，各权力站点通过发声渠道和议事渠道对学校管理实现了有效的监督。顺峰中学现代学校制度改革为学校践行“和美”教育找到了制度保障，也为“和美”文化建设找到了崭新的制度载体。依法治校、多方参与、民主监督所带来的不仅是学校管理的顺畅，还是内外办学活力的激活。这是制度带给我们的“以和达和”。

（2）增进内部团结和凝聚的学校治理章程文化。

过去，我们也在行政制度框架下制定了比较系统的规章制度和工作流程。在整体原则上，还是为了达到以上管下，便于管理。随着现代学校制度改革的深入，学校章程建设也不断深入。教代会、学代会、家委会、校务委员会、和美共治会的选举细则和处事流程，在各方人员的共同参与下被制定出来。现代学校所主张的法治精神、自主精神、民主精神、公益精神等在章程中得到充分体现。新的章程建设的过程就是新的章程文化普及的过程。过去处于边缘位置或游离状态的群体和个人都被新的章程文化吸附进来，成为主动参与学校治理的活力因子。

（三）创建了“美美与共、各美其美”的和谐班级文化

“班级”是师德的展示场，也是学德的形成场。因此，我们以建设和谐班级文化为着力点，落实“以德树人”。“和”是“和而美”与“和而不同”的“和美”文化在班级建设中的具体体现。因此既有班级常规的要求——用整洁的仪表与班容班貌，让学生形成正确的价值观与行为规范，让班级达到“和而美”，同时也通过“一班一特色”的打造，因材施教，体现班级德育的“和而不同”。

班级文化具有一种无形的教育力量。它是学生受教育最直接、最重要的影响来源之一，在很大程度上影响和决定着学生素质的发展。经过多年的建设，班级文化已经形成“一班一特色”、和谐班级制度、班级评价三大特色。

1. 创建“一班一特色”

为了给学生创设一个健康成长的良好的学习环境，张扬班级个性，彰显学生个性，进一步营造浓厚的校园文化环境，我校自 2012 学年度伊始就启动了特色班级创建活动，实施“一班一特色”品牌工程，展示班级特色文化，构建爱班、爱校的教育氛围，增强班级团队凝聚力。本活动预计在三年内，实现由“一班一特色”成功向“一班一品牌”“一师一品牌”过渡，形成顺峰中学独特的德育模式。

自 2012 学年到现在，我校 48 个班级全部参与“一班一特色”的建设活动。48 个班级都能从特色班级的创建方案入手，积极准备“一班一特色”的创建计划、实施方案，然后以班级后墙文化园地为载体进行展示。大部分班级后墙文化布置主题鲜明，特色班级名称适当，既注重了环境的育人功能，又符合班级学生的实际，激发了学生的成长需求，把一面面无声的墙壁，变成了有声、有形、有色的教育园地。

在这项活动的实施过程中，我校各班级以班主任为首，从“个性与共性相结合，主题与特长相结合，特色与实效相结合”的原则出发，积极实践、勇于探索、不断学习。此次活动的开展，体现了各位班主任教师的教育智慧与倾情奉献

精神，营造了浓厚的文化氛围，推进了班级文化建设，也展示了学生的才艺和风采，同时培养了班级归属感，彰显了各个班级的文化特色，为顺峰校园增添了一个又一个新的文化亮点。

为了对班级文化进行展示与评比，我校开展了以下活动：

一是任命班级文化解说员。班级是学校教育活动的基本单位，也是学生学习成长的主要环境，更是学生群体和个体自我管理与自我发展的重要阵地。优秀的班级文化是班集体积极向上的内在动力。健康的班级文化具有一种内在的凝聚力，它对学生教育和学习、成长和成才起着不可估量的作用。为营造更加和谐融洽、积极向上、富有特色的班级文化氛围，优化育人环境，促进班级管理，展现班级的育人理念，我们在“一班一特色”和后墙文化、门文化建设的基础上，实施了“班级文化建设解说员工程”，形成了顺峰中学独特的德育模式。

二是精心打造班级文化。班级文化是一种群体文化，只要班级这个群体存在，就会形成班级文化，所以班级文化是客观存在的。苏联著名教育家苏霍姆林斯基曾说：“无论是种植花草树木，还是悬挂图片标语，或是利用墙报，我们都将从审美的高度深入规划，以便挖掘其潜移默化的育人功能，并最终连学校的墙壁也在说话。”教室是师生学习、生活的主要场所。班级的文化墙是班级文化最直接的展示，是一种“硬文化”。班级的文化墙不仅反映了一个班级的风貌，还是学生前进的动力、学生价值观的体现。顺峰中学通过班级门文化、后墙文化的建设，创建班级特色文化，树立良好的班级精神风貌。现在各班的前门、后门及后墙都有各具特色的班级文化介绍及展示，充分发挥了“让每一处地方说话”的育人功能。

三是实行班级管理精细化。精细化不是什么新理念，自古以来那些做事认真的人就已经在执行了。“天下难事，必作于易；天下大事，必作于细。”细节决定成败，精细化是管理的必经之路。顺峰中学的班主任试着把这种管理理念和文化引入学校班级管理，渴望走出一条能减轻班主任工作负担的捷径。

班级精细化管理建立在班级常规管理的基础上，并将班级常规管理进一步引向深入。它讲求教育教学内涵的扩充，讲求管理过程的有效，是“各就各位、各干各事、各考各评”的教育思想在班级管理中的具体体现，从小事入手，从细微处着眼，把管理方案做实、做细、做精，让班级管理规范有序，照章行事。

（1）班级管理精细化规划。

这是班主任容易忽视的一个问题，但精细化规划是推动班级发展的一个至关重要的点。班级的规划包含两个方面：一方面是班主任根据学校要求和班级的实际情况而制定的中远期目标，这个目标包括了班级的特色、状态、文化、管理模式、目标、等级等；另一方面是班主任根据班级目标而制订的实现计划。所谓精细化规划则是指班级所作的目标和计划都是有依据的、可操作的、合理的和可检查的。

借助学校规章制度，让学生知道自己什么时候该做什么。学校规章制度是经过实践得出来的比较实用的管理标准，它引导学生端正态度，做到心中有数。守规矩方可日日进步，肯吃苦才能代代成才。有些学生不是不想做好，而是不知道如何去做好。顺峰中学德育处有一整套班级量化评分的标准，这些标准会成为以后评价班级的依据，引导学生更好地做好自己的事情。

（2）班级管理精细化分析。

这是班级取得核心竞争力的有力手段，是进行精细化规划的依据和前提。精细化分析主要是通过现代化的手段，将班级中的问题从多个角度去展现，从多个层次去跟踪。同时，还要通过精细化分析，去研究提高班风和学风的方法。

有了学校的德育评比标准，到了班级里就要细化每一项工作，做到事事有人做，事事有人管。在班级管理过程中，光靠学生的自觉肯定是不够的，必须有一定的督导机制。班级精细化管理必须制订好精细的管理方案，要求班级管理的每一个步骤都要精细，每一个环节都要精心，要求每一个学生都要到位并尽职，目的在于把大家平时认为的小事、琐事做到尽善尽美。在班级管理过程中，实行目标管理是行之有效的手段，在精细化管理过程中，也要制定全方位的精细化管理目标。

（3）班级管理精细化操作。

这是指班级活动中的每一个行为都有一定的规范和要求。每一个班级的学生都应遵守这种规范，从而让班级管理更加正规化、规范化和标准化，为班级拓展提供可推广性、可复制性。

在这里，更多的是强调班干部的职能，强化班干部的责任和权利。培养文明、守纪、进取、勤奋的中学生，是班级管理的核心目的。各小组以普通学生为主，主要负责相关工作，负责督查、协调、服务，班干部要对学生的常规管理负责，还要具体到对学生进行全方位考核，对学生的行为习惯进行检查等。部门和班干部各司其职，达成“时时有人管，事事有人管”的目的，达到“班干部就是学生，学生就是班干部”的目标。

班干部是管理的主体，如果班干部做到可复制，班级精细化管理就更有生命力了。班干部最好不要是固定的几个人，应该是“有德者居之，有能者居之”，在不同的场合寻找不同的优点，并以此为理由来让学生锻炼管理能力。

中国现代教育提倡素质教育，但衡量一个学生的时候，还是要落实到分数，而学生养成良好的学习习惯，对学生学习成绩的提高有很大的促进作用。

（4）班级管理精细化核算。

这是班主任和班干部清楚认识自己管理情况的必要条件和最主要的手段。这就要求班级的管理活动中凡与学校扣分项目有关的行为都要记账、核算。还要通过核算去发现班级管理中的漏洞和污点，对不足之处进行加强、补救。

以班级的清洁监督管理为例。班容班貌体现一个班的精神状态，体现班级学生的修养，保持良好的班级洁净度，能给学生每天一个愉悦的心情。班级清洁的普通管理是，安排工作责任到人，安排好小组长负责落实。在管理中还加进去核算、反馈，让学生本人、班主任知道什么人什么时候什么事没有做好。对任务进行层层分解，指标落实到个人。

（5）班级管理精细化控制。

这是精细化管理的一个重要方面。它要求班级管理的运作要有一个流程，要有计划、审核、执行和回顾的过程。控制好了这个过程，就可以大大减少班级的管理运作失误，杜绝部分管理漏洞，增强流程参与人员的责任感。

以细化寝室管理为例。寝室是学生休息的地方，没有良好的休息环境，就没有良好的学习状态。寝室里乱糟糟的情形很容易被带到教室。顺峰中学有完善的宿舍管理制度，作为班主任，重要的就是落实。午休管理也是一个难题：学生中午不睡觉就不能保证下午的学习状态；而且，学生中午不休息，也可能会出现其他安全隐患。

精细化是一种理念、一种精神、一种作风、一种意识、一种精益求精的工作方式、一种认真工作的态度。精细化越来越受到各个学校德育工作者的重视，但是实施精细化涉及学生基层活动的各个环节，仅仅有教师的积极性是不够的，还要将精细化理念植根于每一位学生的脑海之中，引导学生自主参与制定班规，使学生的意志与愿望以及管理潜能通过合理渠道得到充分的满足与发挥；同时由于学生有为自己的目标负责的倾向，所以容易使学生对自己的行为产生巨大的自我约束力量。在这样的管理机制中，“人人都是管理者，人人又都是被管理者”，因为精细化是靠全体学生来落实到位的，学生才是精细化的真正执行者，只有全体学生都具备精细化管理意识和精细化管理精神，班级的精细化才能落到实处，产生实效。

2. 班级评价多元化

班级是学校工作中最基层的单位，班级管理对学生的成长起着不可代替的教育作用和教育力量，它是班级工作顺利进行的保证，是学生茁壮成长的摇篮。美国心理学家霍华德·加德纳关注学生的不同特质，提出了多元智慧理论，旨在驳斥传统的狭隘的智力理论，认为教师最重要的任务是开发多元的学习环境，让每个学生都能够充分发展被忽视了的智慧。

顺峰中学历来重视班级多元化的发展和评价，一直在探索班级多元化评价的科学性、合理性。目前，我校已经形成比较成熟、简便的星级班评价方案，通过可操作性强的量表统计，多方位、多角度、多层次地合理评出每月的星级班，充分激励了班级的评优争先，也保证了班级制度的可持续发展。

通过班级文化的建设，班级特色逐步显现，形成了各班独特的价值文化、制度文化与评价文化，促进了班级常规的形成，为班级的特色建设提供了良好的基础。通过班级文化的展示，让文化从内生变成外显，成为班与班之间不同的文化标识，充分体现了“和美”教育中“和而美”“和而不同”的理念。

（四）打造了“协同共治、联合教育”的和美家校文化

家庭教育，是大教育的组成部分之一，是学校教育与社会教育的基础，在人的一生中起着奠基的作用。著名心理专家郝滨说过：“家庭教育是人生整个教育的基础和起点。”确实，家长是孩子的第一任教师，家庭是孩子的第一个课堂。家庭教育具有早期性、基础性和个别性的特点，是对人的一生影响最深的一种教育，它直接或者间接地影响着一个人人生目标的实现，而作为家庭教育的主角——家长，更是学校教育教学不可或缺的重要角色。学校教育是学习的主要场所，学校教育具有系统性，学校教育对家庭教育的内容、方法起着指导作用，学校教育和家庭教育是密不可分的。学校教育与家庭教育要协调一致，才能真正保证学生的健康成长。因而，施行家校联合教育，是当今社会学校教育改革的一个世界性趋势。

顺峰中学在建校之初，就已经在改变办学思路、创新办学方式等方面不断尝试，积极探索如何合理地开发家长资源，整合社会各方力量协同育人。办学六年，已有七届家委，成功举办了四次家长大讲坛活动，以及每学期一次的家长会、数次的真人图书活动和每年一次的爱心义卖活动等，让家长参与学校教育，既让同学们学到了课堂以外的知识，也让家长体验了学校教育教学过程，促进了家校相互理解，推动了学校教育与家庭教育的和谐发展，初步建立了协同教育体系，学校、家庭的教育优势得到了有效整合。

1. 家长委员会成为协同共治的核心力量

为了全面贯彻党的教育方针，优化育人环境，完善学校、家庭、社会有机结合的教育体系，充分调动家长参与办学的积极性，配合学校进一步规范办学行为，加强对学生的教育和管理，进一步优化育人环境，培养一代“四有新人”，我校建立了学生家长委员会。

家长是教育的重要组成部分，对学校管理起着监督与协助作用，“家委会”则是家长与学校沟通的重要桥梁。学校每个年级都成立了“家委会”，组织了一

批有较高素养、懂教育并热心学校工作的家长参与学校民主管理和监督，为学校的各项教育教学工作保驾护航。每逢开学，校长及全体行政人员都要和家委代表展开对话，介绍学校的办学理念、本学期的工作计划，并邀请家长和家委代表走进校园，熟悉学校生活，参与学校管理。学校还经常组织家委聚会，邀请家委参加学校的各项大型活动，在学校重大问题决策和课程改革以及突发事件的处理上都要求家委献言献策、贡献智慧、共同担当。以上种种，进一步加强了家校沟通，推动了学校教育与家庭教育的和谐发展，"顺峰家人"和美共建的教育理念再次得到彰显。

2. 家长志愿者成为推进联合教育的中坚

（1）家长大讲坛——不同的专业和人生阅历开阔了学生的视野。顺峰中学已经成功举办过四届家长大讲坛活动。这一活动不仅可以分享家庭教育的经验，还可以让学生了解不同的职业经历和人生智慧，增进对社会的了解。

学生家长来自各行各业，其中高学历、高素质的人才很多，他们的人生经历、知识储备都是宝贵的教学资源。为了更好地发挥优秀家长的特长，挖掘家长资源，实现信息互通，丰富初中教育资源，拓宽学生视野，培养学生良好的道德修养，学校把来自 IT、航天、医药、地产、消防等各行各业的家长能手们请进来，他们自制课件，将他们的行业知识带入课堂，以生动活泼的形式深入浅出地为孩子们打开了一扇了解社会的窗口。家长与孩子在教与学的过程中，形成了伙伴型、学习型的亲子关系，更有利于孩子的成长。

（2）家长真人图书——学生可以分享的目标人生。"真人图书馆"（Living Library），就是可以借阅"真人图书"的图书馆。它与普通图书馆很相似，不同的是真人图书馆中的"书"是"真人"，读者阅读的方式是"真人图书"和读者进行双向交流。真人图书馆最早诞生于 20 世纪初，由丹麦人罗尼·艾博格与朋友一同创设，总部在哥本哈根，其宗旨最早是让不同文明、不同国度和不同宗教的人坐下来好好说话，以消解人类愈演愈烈的暴力和偏见，后来发展为知识交流，把人当书，分享每个人不同的专业与经验，不但开卷有益，且让"只能看、不能说"的书本成为会走动与回话的真实人。"和美教育"是顺峰中学的宗旨，顺峰中学的真人图书馆叫"顺峰和悦真人图书馆"，并且是顺德的第一家真人图书馆。"顺峰和悦真人图书馆"作为顺峰中学的图书馆，读者首先是顺峰中学的师生及家长。我们的宗旨也相对简单，是希望读者通过借阅真人图书馆的图书，关注社会百态，体验不同的人生，也希望借此促进学生对社会的了解，获得课堂以外的信息，比如对社会不同人群、不同职业的认识，丰富他们以后的社会选择，更希望通过真诚沟通，增加学生对各个阶层、各个职业的认识，消除偏见。

自 2012 年 12 月 26 日开馆起，学校定期充实真人图书馆的藏书量，这些真人图书有教师、有家长、有社会贤达人士，目前馆藏真人图书上百本。学校定期举办真人图书活动，让更多的学生和家长参与阅读，让他们在获得知识的同时积累更多的人生经验。

（3）家长义工——使家庭教育和学校教育得以贯通。家长对孩子的关注是全方位的，对孩子参加学校活动总是感到好奇，学校搞活动总是远远地观看孩子的活动。基于这种现象，学校主动邀请家长进入学校，参与学校相关活动，担任义工，这样既能满足家长的情感需求，也能使其在帮助学校组织活动的过程中了解学校，理解教师工作的辛苦，可以对活动提出意见和建议，提高活动的质量。关注并参与学校质量监管与发展建设，一直是我校家长义工奉为己任的重要工作。许多家长义工虚心向教师们学习教育教学专业知识，积极投身到学校教育教学工作中来，成为教师们的得力教学助手。家长义工通过这种方式进一步了解了学校，了解了教师，了解了孩子。在学校的体艺节、爱心义卖等活动中总能看到身穿红色义工服的家长，那随处可见的一抹抹红色，已成为顺峰中学一道靓丽的风景线。

3. 家长会成为家庭教育的有效平台

将每一位孩子培养成有文化、有素养的一代新人，是社会的需要，更是每一位家长所盼望的。因此，发挥家长的教育作用、形成家校合力，是实施教育的一个重要途径和手段。家长会，无疑是让学校、教师和家长走得更近的一个平台。通过这个平台，在理解和沟通的基础上更有针对性地对孩子实施教育，才能让学生健康快乐地成长。

我校坚持每学期一次家长会，一般是在期中考试之后一星期举行。一次成功的家长会有利于进一步增强家校之间的沟通联系，提高家长对教育的重视程度，形成家校教育同步化，发挥学校教育、家庭教育的合力作用，同时也能最大限度地消除教师和家长之间的误解及家长对学校工作安排的不理解，为学校的教育教学工作敞开方便之门。

4. 创建家—校联动的个性化舞台

教师家访是学校与家庭建立联系、互通情况的有效方式。教师通过家访，了解学生在家庭中的表现、家庭生活的状况、父母对子女的态度及教育中存在的问题，家长也可以从中及时了解子女在校的表现情况。家访中双方互通信息，增进了解，沟通情感，有利于推进教育工作。学校结合实际情况，制定了严格的家访制度。

（1）全体教师要树立正确的育人观、家访观，把家访工作纳入正常的教育教学管理工作中，充分发挥家访对学生的教育功能，体现家访效应。

（2）利用一切可能的机会和机遇，做到家访工作的经常性，深入学生家庭，了解学生的家庭情况以及学生在家的表现，为校内育人工作准备第一手资料。

(3) 在家访工作中，要主动与学生家长联系交流，在做好教育指导的同时，广泛、认真地听取家长对学校工作的意见和建议，并及时向学校校长室反映。

(4) 家访工作中，要正确宣传学校和学校教育教学的工作思路，树立学校教师队伍的良好形象，不得发表与学校规定、教师言行相违背的言论。

(5) 不得利用家访之便在学生家中大吃大喝，不准在家访期间酗酒。

(6) 不得向学生家长和学生索要财物或提出一些无理要求。

(7) 建立家访联系档案，要求家访情况记录、主题内容、效果反馈三落实。

(8) 建立家校反馈制度，及时向学校校长室、各处室反馈家访过程中家庭、社会对学校教育教学工作的意见和建议，并及时将校长室、各处室的处理意见向学生及家长反馈。

有了制度保障，我校长期以来坚持开学前一天开展全员家访，在家长中反响较大，得到了社会的一致好评。通过家访，教师们特别是班主任们可以了解和掌握学生的家庭情况、在家的学习环境和表现等，做到心中有数，有利于以后更好地根据实际情况有针对性地教育、引导学生。

综上所述，"和美"的家校文化会让学校与家长间的沟通更密切。对学生而言，这种民主而开放的沟通方式无疑为他们打开了认识社会的一扇窗；对家长而言，这将提高他们的家教水平；对学校而言，发掘和运用家长中的人力资源，能够满足各界人士支持教育、回报社会的美好愿望，还能够营造广大社会人士热心公益事业的社会风尚。

(五) 构建起"和谐共生、各美其美"的"和合"课程文化

课程在整个学校教育中居于核心地位，它是实现教育目标的重要途径，是组织教育教学活动的重要依据，是集中体现和反映教育思想和教育观的载体。顺峰中学"和合"课程文化建设，一方面以求真务实的精神鼓励支持全体师生主动自觉实践新课程理念，另一方面注重对师生的实践经验甚至教训、反思进行总结并加以提升，从而构建起具有顺峰特色的"和合"课程文化。

1. 树立了"和谐共生、各美其美"的课程文化观

课程文化是学校文化的核心所在。我校的"和合"课程文化是基于我校"和美教育"的教育理念追求在课程设置、实施、管理等事务中的具体体现。它要求我校师生要共同树立起"和谐共生、各美其美"的课程文化观，其价值取向是以学生发展为本，充分调动和运用一切课程要素的教育影响力，来促进学生全面而有个性的发展。这也是我校和合课程的核心精神文化之所在。

2. 稳步推进"和合"课程建设，文化渗透有成效

课程文化是学校文化软实力的重要体现和表征，充分显示学校文化软实力的

内涵和品格，它使学校文化建设不再游离于学校日常教学活动之外，而成为教师和学生的日常生活和生存方式。同时，课程建设不能离开与课程相关的各要素的合力作用和相互影响。为此，我校在推进“和合”课程建设的过程中，注重抓好六大领域文化要素的渗透及其相互作用。

3. 搭建“和合”课程体系架构，学生全面发展有平台

从学校教育承载的育人功能来看，课程，应该是指学生在学校的全部学习生活的总和。只有具备了这种广义的课程观，学校的课程体系架构才会更加清晰，才会更有效地设计出实现预期目标的课程。基于此，顺峰中学课程体系架构秉持“和谐共生、各美其美”的课程理念，在“尊重差异、合作共赢、发展个性、成就卓越”的内在价值追求下，形成了由五大科目、十二个专题、若干模块构成的校本课程体系。在课程类型上，采用学科课程或者综合课程，在实施形式上，采用课堂教学或者体验活动。

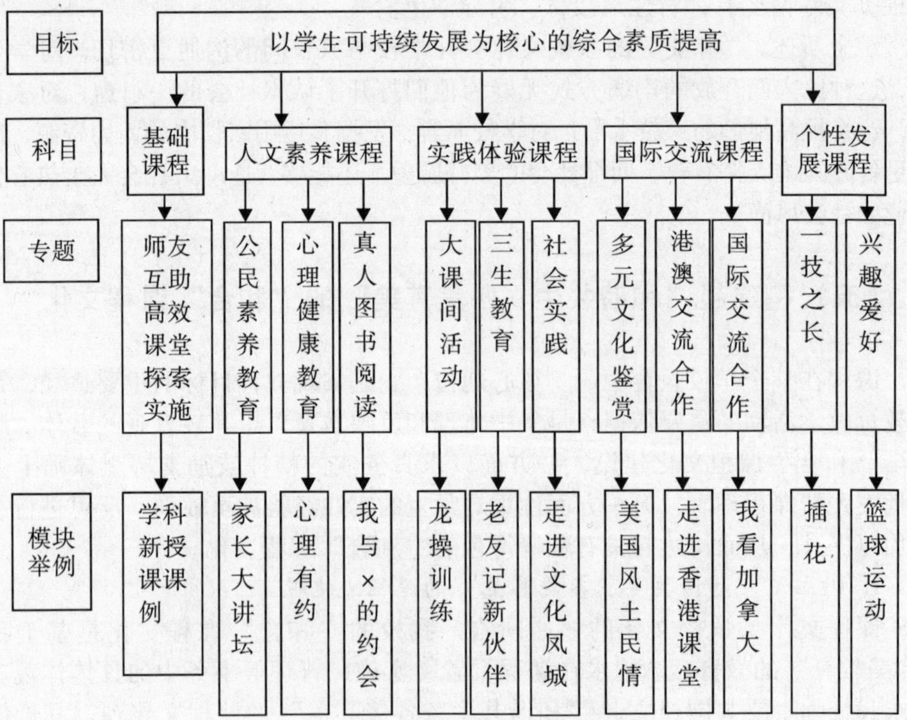

图1　顺峰中学校本课程结构图

4. 实施多元课程评价文化，个性特色发展有保障

美国教育家斯塔费尔比姆说：“评价最重要的意图不是为了证明，而是为了

改进。”学校课程文化评价机制应是为了人的发展。因此，我校的课程评价注重评价的过程性，评价内容的多元性，评价方法的多样性，旨在深入学生发展的进程，有效帮助学生形成积极的学习态度、科学的探究精神，真正实现“和而不同”“和而美”。

（六）提升师生的综合素质

在“和美”特色学校文化建设的过程中，我们真正实现了“以研促教”“以研促改”的课题研究功能。全体师生都能积极参与到“和美”特色文化的建设中来，并且在过程中能把“和美”理念内化为自己的自觉行为。学生在“和美”文化的浸润下，增加了对现实社会关系、人际关系的认识，在人际互动中学会善待自己、善待他人，具备社会责任感，从而促进了学生个人的和谐及可持续发展。在课堂上，学生学会了自主探究、互助合作、乐于交流、正确评价等。学生的创新意识和自主学习能力增强了，探究积极性提高了，利用课程资源的方法增多了，收集和处理信息的能力发展了，成绩不断提高，综合素质也普遍提高了。

“和美”教育要求教师遵循“踏踏实实做事，和和美美做人”的准则，以心灵赢得心灵，用人格塑造人格，全面育人，全程育人，实现教育的创新以及教育的和谐发展。因此，我校教师能用个人和善的态度、宽容的品质、合作的意识、渊博的知识、精湛的技能、创新的精神等个人魅力奏响自我的“和美”教育篇章。图 2 是顺峰中学近五年的中考提前批次录取率，图 3 是顺峰中学近五年的中考区属中学批次录取率。

图 2　顺峰中学近五年的中考提前批次录取率

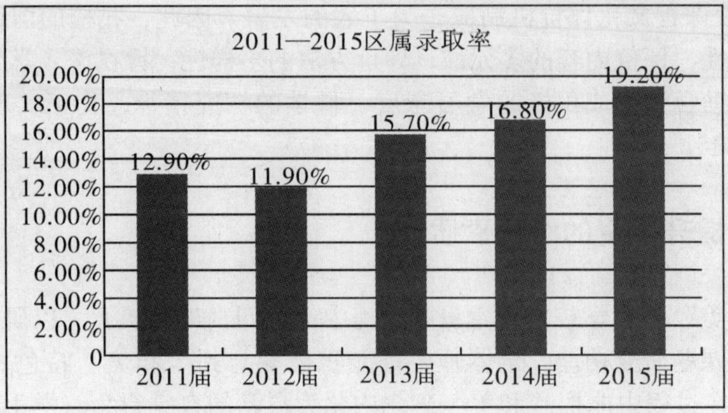

图3 顺峰中学近五年的中考区属中学批次录取率

从教学质量上看，顺峰中学建校六年来，中考提前批次录取率、区属中学批次录取率逐年上扬，并稳居大良同类学校第一，一些综合能力指标甚至排在了顺德区同类学校前列。学校连续五年被评为“顺德区先进学校”，能获此殊荣实属不易。另外，从2013学年起，我校师生在获奖人次、获奖级别、获奖领域上都取得了巨大的飞跃。

获奖人次方面：2010、2011、2012学年我校教师获奖人次分别为48、67、51，学生获奖人次为34、67、28；2013、2014学年教师获奖人次为120、176，学生获奖人次分别为151、200。

获奖级别方面：2013学年以前，我校教师、学生获奖级别主要集中在市级、区级，2013学年以后获奖级别中国家级、省级明显增多。例如，教师省级获奖次数，2012学年只有3人次，2013学年达9人次。

此外，教师和学生在获奖领域上逐渐扩大，教师方面由原来的镇级别论文、优秀辅导类居多，到现在以命题、教学设计、教学竞赛类、荣誉类居多。例如，近几年我校有多位教师获评佛山市优秀教师、顺德区优秀教师、顺德区骨干教师。杨兰兰老师2014年5月荣获广东省初中青年数学教师优秀课评比一等奖，王莉老师2014年6月荣获广东省生物教师基本功一等奖。

学生获奖更是百花齐放，前几年主要以语数英物学科类竞赛获奖为主，近两年逐步实现了综合发展，除继续在语文、英语等主学科获奖外，计算机、地理和音体美等小学科类获奖占据了绝大部分。其中，我校的机器人队及观鸟社尤其突出。机器人队克服重重困难，区赛、省赛、全国赛一路过关斩将，先后于2013年7月、2014年7月、2015年7月连续三年独占鳌头，荣获全国中小学电脑制作活动电脑机器人挑战赛一等奖，更获得参加世界赛的资格，让顺峰中学每年暑假在全国顶级赛场上声名远扬。观鸟社已经参与了广东与广西卫视联合制作的

《美丽西江——守望人与自然》的纪录片摄制，此纪录片将在中央电视台播出，倡导绿色和平，保护生态自然。

（七）“和美”校园文化建设有成效

我校“和美”顺峰特色校园文化景观别致——和美墙、和美馆、和心馆、桂和园、艺美苑等处处彰显了环境的育人功能。整个校园环境建设美观大方，向师生展示自然美、环境美、历史美、人文美，引导学生尚美、求真、向善、崇德、至诚、立信，充分发挥“和美”环境文化“润物细无声”的作用。每幢楼，每个楼层，每条走廊，都布置有不同主题的学生艺术作品，如书法、素描、摄影作品等。这些艺术作品既美化了校园，也展示了艺术教育的成果。艺术教育特色建设，使我们的校园不仅是和美的生态园，更是一个和美艺术乐园。

学校两度制作了“和美顺峰”文化专题宣传片，系统介绍了学校文化建设成果，让“和美”文化更数字化、动态化、形象化。

开展课题研究以来，课题组成员撰写了数百篇教育教学反思和案例，其中还有一些价值比较高的论文，并有多篇论文在各级刊物上发表或在各类业务竞赛中获奖。我们精挑细选教师的论文、反思心得、教学设计与案例，以及总课题的研究报告等，汇编成课题成果集——《和美教育成果著作》。

我们还出版了《和美图文册》，内容包括：“和美”顺峰的“和美”元素；历年大事分类汇编；反映我们对“和美”憧憬的《和美赋》；集全校师生、家长代表、促进会理事等众人创作的“和美”教育故事及成长故事，并由学生绘制成图画……

除此以外，我们还建立了丰富的数字化教学资源库，包含数百个课件、约50个精品录像课及大量的教学设计、教学课例等。

五、研究反思与展望

（一）重视文化建模，更要重视文化积淀

学校文化是在学校发展过程中逐渐积淀、积累形成的，它与学校发展规模、成员素质、领导者的个人特质和领导方式，以及组织结构等因素密切相关。在学校文化的建设过程中，既要重视文化建模，更要重视文化积淀对人、事、物等要素的影响。这几年，学校“和美”文化通过精神层面的熏陶与感染，主导着组织成员心理、行为的良性倾向和组织成员素质的提升，使组织成员在组织文化的

感召下，形成较强的归属感和凝聚力，成员认识到组织发展的成功即是个人发展的成功，将个人愿景与组织发展目标结合起来，自觉遵循组织规范，参与组织建设。在组织成员素质经组织文化提升的前提下，学校组织发展的优势便在组织文化物和事的层面上体现出来，得到组织成员的认可和遵守的组织规范被制定出来，并形成具有自身特色的制度文化。我们深知，校园文化建设是一项长期的艰苦的复杂的工作，是一项系统工程，不可能一蹴而就。我们几年来为此所作的努力及所取得的成效，只能说是初步的，只表明我们在校园新文化建设的路途上，迈上了几级台阶，远没有到达目的地，事实上也很难到达。文化的动态性特点决定了我们的文化建设必须因时而变、与时共进，为此我们一直在努力，也将一直努力下去。为使努力富有成效，我们开展了本课题的研究，为使以后的努力仍然有成效，我们还将进行本课题的后续研究。

学校文化是一个动态发展的系统，在文化建设的推进过程中要充分考虑各种变化的影响。

学校作为一个发展的系统，其学校文化由外至内包括：表层的物质文化——学校的校舍、设施、环境体现出的文化色彩；浅层的行为文化——学校成员的行为体现出的文化氛围；内层的制度文化——学校各项制度体现出的文化特点；深层的精神文化——由价值观念决定的办学思想和群体意识。各个层面的文化通过协调一致的动态作用，实现着对人的真正“改造”，也正是在这样一个动态发展的过程中，教育的目的才真正得以实现。例如，学校文化景观的建造，就可能直接影响人的精神，改变人的行为。一种新的制度的推行直接改变人的行为，因此，也会带来精神的改变。

（二）在学校文化建设中，要处理好开放与坚持的关系

作为教育工作者，我们要以积极的、理性的态度研究民族传统文化，清点现有的各种民族传统文化，做出必要的整合与取舍。整合取舍首先需要我们做出判断，要按照新的培养目标与社会发展需要，对各种文化的存在状态及其合理性做出相应的判断，判断其出现的条件，以及合理的成分与程度。通过判断把握各种文化的特质与特殊价值，在此基础上做出取舍，这是我们创建传统与现代相统一的符合新的培养目标的校园新文化的必由之路。“和美”学校文化主题，是我们历经整合取舍后得来的，肯定要坚持。

“和美”文化是一种开放性校园文化。它实现了校园文化空间的拓展与融合，构建过程势必涉及对社会文化与外来文化的整合与取舍，目前的社会文化裹挟着外来文化呈现出极其复杂的文化生态环境。因而“和美”文化建设，不仅

要在甄别评判的基础上做出取舍，还要防范有害文化对校园文化的侵入。甄别、评判取舍过程与对传统文化的改造有相同之处，而对不良的甚至有害文化的防范，值得我们进一步探讨。“和美”文化的构建，并非鼓励学生去接触有害文化，面对异质文化装上过滤网是必要的，但事实上，师生接触社会文化及社会文化对学校的渗入都是难以避免的，靠堵是难以奏效的，关键的问题是要增强师生特别是青少年的免疫力。新形势下现代教育特别强调主体性教育，其意义也在这里。

以文化立校，构筑深厚教育根基，是顺峰中学持续发展达之久远的办学思想。将“‘和美’特色学校文化”踏踏实实做起来，顺峰中学才能走出自己的办学之路。立足教育公平、优质高效，注重整体发展；立足地域文化、校情校本，加强特色发展；立足“和美”主题、文化引领，推动品牌建设。高品建构，精品落实，顺峰中学正朝着自己的特色品牌之路迅速前行。

和谐共生　各美其美

——“和合”课程文化建设研究

潘惠红

一、研究背景

学校教育质量与学校文化关系密切，学校文化的传承仰赖学校教育，学校教育的效能在很大程度上受制于学校文化。良好的学校文化能够对师生产生潜移默化的影响，能够激发师生对学校愿景、目标乃至策略的认同感，能够增强师生的使命感、自豪感和归属感。它是学生愉悦身心、满足精神生活的良好形式，有助于明确师生的工作和学习动机，调动师生的积极性、主动性和创造性，使他们保持高昂的情绪和奋发进取的精神。

课程是教育得以开展的物质与精神载体。课程文化是学校文化的主体，是一所学校的教育理念追求在课程设置、实施、管理过程中的具体体现。学校的育人理想需要通过课程来实现，因此，课程文化虽不是学校文化的全部，却是其最主要、最根本、最核心的成分。成熟的课程文化，是积极推进课程改革的精神基础。它能够给实际深入进行的课程改革，带来一种良好的心理氛围和潜在的精神动力。

顺峰中学是大良东区板块优质公办初中，是一所政府着力打造、名校鼎力帮扶的学校，是按一流的环境、一流的设施和“高起点、高标准、高规格”的目标办学的初级中学。短短五年时间，学校整体办学水平稳步提高，教学质量在大良街道同类学校中名列前茅，已获得省市区各级多项荣誉。顺峰能在短时间内迅速崛起，依靠的就是“文化立校”的教育理念。以文化立校，构筑深厚的教育根基，是顺峰中学持续发展达之久远的办学思想。将“‘和美’特色学校文化”从一开始就做起，踏踏实实做起，顺峰中学才能走出自己的办学之路。立足教育公平、优质高效，注重整体发展；立足地域文化、校情校本，加强特色发展；立足“和美”主题、文化引领，推动品牌建设。

“和美”文化功能的发挥、“和美”育人理想的实现，要以学校的课程为载体，要由学校开设的课程来履行。基于此，顺峰中学提出了“和合”课程文化建设的校本研究。“和合”课程文化，其核心词是“和合、各美其美”。“和合”指的是事物中诸多要素的和生、和处、和立、和达、和爱，相互冲突、融合，在冲突、融合的动态变化过程中与诸多要素成为新结构方式、新事物、新生命的总和。在这里，“和”是指和谐、和平、祥和，“合”即为合作、合好、融合。其核心就是不同事物间的多元和谐和互补融合，本质是和合发展。“和合”课程文化，就是要在合作（师师合作、师生合作、生生合作、家校合作、社区与学校合作等）的基础上，达成一种“和谐共生”的课程文化，它具有尊重差异性、相互融合性、追求整体性、动态生成性的特征，从而达到“和美”育人的教育理想，即学生的全面终身发展，各美其美。

二、国内外相关研究

我国学术界开展课程文化研究是近20年的事，并从2000年开始逐渐呈现繁荣发展态势。受教育文化和学校文化研究热的影响，20世纪80年代后期爆发了“文化”热潮，有关教育文化的研究相继出现，学校课程的文化学开始进入人们的视野，随着组织文化理论研究的不断丰富和发展，课程及课程文化的研究受到了一定程度的关注，如20世纪90年代末有学者对课程的文化本质、文化内涵以及课程现代化与课程文化关系进行了考察，至2000年郑金洲所著的《教育文化学》中已明确把课程文化作为学校文化的主要组成部分来研究，随后，相关文章和论著的数量剧增。

同时，2001年开始的基础教育课程改革引发了一股从文化角度考察课程的内涵、性格、建构等的理论研究热潮，人们越来越意识到课程改革的进一步开展必然带来课程文化建设的深层思考，课程文化问题逐渐成为人们思考课程改革的焦点。

有研究者提出，课程文化的建构必须遵循积极健康原则、兼容并包原则、价值导向原则、全员参与原则、特色建构原则、本土化原则、人文与科学精神相结合原则。有研究就课程文化再造提出了一些具有建设性的观点，即规范编审队伍，倡导“和而不同”；鼓励专业对话，重建话语系统；拒绝单位主义，促进“文化再造”。有研究认为，课程文化重建可以从以下几方面入手：突出师生主体性，构建新型师生关系文化；开发校本课程，形成学校特色课程文化；以课堂为主阵地，重塑课堂教学文化等。

在实践领域，很多基础教育学校都展开了课程文化建设的探索，如北京市十一中提出的课程文化资源（特别是语文和数学）开发的基本思路和模式，山东省临朐县新华中学的“生本教育”课程体系建构，天津市实验中学的“个性发展”教育课程文化建设，南京师范大学附属小学的“三色课程”体现建构，上海市吴淞中学形成了以本土性主题课程与特色主题课程为代表的生态型课程文化，成都玉林中学附属小学建构了开放型的四大生态课程体系等。

三、“和谐共生、各美其美”的“和合”课程文化建设

课程在整个学校教育中居于核心地位，它是实现教育目标的重要途径，是组织教育教学活动的重要依据，是集中体现和反映教育思想和教育观的载体。顺峰中学“和合”课程文化的建设，一方面以求真务实的精神鼓励支持全体师生主动自觉实践新课程理念，另一方面注重对师生的实践经验甚至教训、反思进行总结并加以提升，从而构建起具有顺峰特色的“和合”课程文化。

（一）树立“和谐共生、各美其美”的课程文化观

课程文化是学校文化的核心所在。我校的“和合”课程文化是基于我校“和美教育”的教育理念追求，在课程设置、实施、管理中的具体体现。它要求我校师生共同树立起“和谐共生、各美其美”的课程文化观，其价值取向是以学生发展为本，充分调动和运用一切课程要素的教育影响力，来促进学生全面而有个性的发展。这也是我校“和合”课程的核心精神之所在。

课程理念：我校“和合”课程理念既是基于学校“和美文化”的办学诉求，又是基于学校“和美共赢”的价值体现。“和谐共生、各美其美”是课程理念的核心，以期形成逻辑严密、内涵丰富的“和合”课程发展模式。

初中阶段是青少年发展的一个重要阶段，学生将经历人生当中最重要的时期——青春期，是规划自我、成就未来的承上启下的关键时期。我们的课程建设要为学生的终身发展奠定基础，即为每一位学生奠定继续学习的基础、身心和谐的基础和规划人生的基础。我们希望，课程学习可以使学生掌握各类学业知识，达到较高的学业水平，发展各种能力，培养广阔的国际视野，成为有责任心的社会公民。

培养目标：通过践行“和美教育”，致力于培养兼具合作力和国际视野，能够自主发展，有鲜明个性的未来社会的创新型人才，实现学生的可持续发展。学生能与周边自然和人和谐共处，通力协作，服务社会，成就自我。

课程设置框架：我校本着课程设置基础性、时代性、选择性、多元性的要求，为学生提供平衡的、共融的、具有挑战性的、适应学生个性发展的课程内容。

（二）稳步推进“和合”课程建设，文化渗透有成效

课程文化是学校文化软实力的重要体现和表征，充分显示学校文化软实力的内涵和品格，它使学校文化建设不再游离于学校日常教学活动之外，而成为教师和学生的日常生活和生存方式。同时，课程建设不能离开与课程相关的各要素的合力作用和相互影响。为此，我校在推进“和合”课程建设过程中，注重抓好六大领域文化要素的渗透及其相互作用。

1. 主体文化——让师生与“和合”课程一起成长

课程文化的主体是学校师生。课程文化本身是作为具有“文化性”的主体性存在，教师和学生是创造课程文化的真正主体。在建构和创造“和合”课程文化的过程中，我们体会到，课程已不再只是特定的知识载体，不再只是“课程文本”，而是教师和学生亲身参与挖掘、寻找、创造的一个和谐有机的整体。也就是说，教师不仅是在传递课程文本，学生也不仅是被动地接受灌输的知识，他们都是课程。特别是体验性课程和课程资源的开发者、创造者，更是课程的有机组成部分，形成课程文化共同体。

因此，我校在课程建设推进过程中，始终把师资队伍建设、教师的专业发展作为重中之重，多层次、多角度地为每一位教师搭建如青蓝工程、团队带教、青年教师成长档案袋、微格教研、国内外专家讲学、学科特色创建活动等平台，使“和合”课程实施过程中出现的种种具体问题引发教师们对新旧教育理念的反思与碰撞，从而达成教育理解，生成教育智慧，实现教育创新，以求建立一支“和谐合作、齐心协力”的教师队伍。目前，我校教师队伍建设已初见成效，部分学科组已在同类学校中显现出他们的特色，部分青年教师已经可以独当一面。同时，我校注重在课堂与教学实践中以自主、合作、探究学习为载体，激发学生的主体参与意识，提升学习的积极性，并以优化学习方式为目标，倡导并创设出自主学习、合作学习、探究学习、师友互助学习、网络生态学习等多元有效的学习方式。特别是“师友互助”的课堂教学模式，学生们通过独立思考、师友互助，主动构建起自己的认知结构，从而内化所学习到的知识与技能，提高合作力、学习力、表现力，使课程目标能真正落到实处。同时，由于多元课程的建构及评价体系，使得不同能力的学生都有了展示自己的舞台。目前，我校学生获得了“会合作、善表达、爱参与、敢表现”的评价，且已有不少学生获得国家、省、市级别的不同奖项，成绩骄人。

2. 学科文化——让学科特色与教学质量得到充分保障

我们把推进“和合”课程建设的过程变为师生共同进行课程开发、课程整

合、亲身参与学习和创造课程的生动过程，使“和合”课程成为一种在教学的整个过程中生长的动态系统，成为促进师生发展的完整文化，而当中尤以学科组的课程整合和质量提升为核心力量。各学科组在教研组建设、课程整合、校本开发、高效课堂打造方面均显现出各自的特色与亮点，彰显了独特的学科文化。特别是各学科组利用我校得天独厚的微格教室进行学科校本微格研讨，以课堂微格解剖为蓝本，着力探索“微格分析”技术和“课堂观察”技术的结合点，使微格研讨模式成为我校教研的常规模式，并不断地将“微格教研”应用于课堂教学，优化教学的各个环节，从而实实在在地提高了课堂教学的质量，实现了课堂教学的高效性。

办校至今，我们已先后举办了五届“青优课”大赛、教研组示范展示课活动，从去年开始，更组织了“师友互助”教学模式教研课的“一课二磨三反思”活动，同课异构、聚焦课堂上教师们的风采。教师在教学实践中反思，在反思中交流，在交流中提升，立足课堂，着眼高效。我们始终认为：支撑学科课程文化特色发展的重要基石是学科教学质量，没有学科教学质量，特色就难以深化，学校就难以突出模式化办学的重围而实现科学发展、可持续发展。“师友互助”课改模式正是我校在反复探索、论证的基础上最终确定的学科课堂教学模式，通过导学引领、学生环节与教师环节的有机衔接、学生互帮互助等形式，充分激发学生学习的积极性，提升学生的学习力和合作力，实现教与学的转换，进而形成新的课程模式。

同时，50余门校本课程构建起独特而丰富的、可供学生选择的“课程超市”。跨学科听课、主题教研活动、集体备课、模块式教学展现出教师参与课程建设的极大热情，阳光体育、特色社团等课程为学生奠定了终身健康与个性发展的基础。这一切充分体现出课程文化构建中师生的巨大潜力，也为学科特色发展、学生可持续发展增添了活力，显现了风采各异的学科文化。

3. 体验文化——在体验中达成育人的目的

成长比成绩重要，成人比成才重要。育人性是课程文化最本质的东西。课程文化的最终价值是关注生命教育，体验生命的深度与理想的高度。生命教育是对生命意义、价值的认知与提升，是课程文化的应有命题。课程文化理应关注、研究并立志解决生命过程中的一些突出问题。我校德育课程的亮点与特点就是注重德育过程的“体验性”，让学生在体验中学习，在体验中成长。当中，尤以“三生教育”课程和社会实践课程最为突出。

“三生教育”主要是针对不同年级开展不同的校本德育课程教育。初一年级的重点在于生命教育。生命教育是指通过对中小学生进行生命孕育、生命发展知识的教授，让他们对自己有一定的认识，对他人的生命抱珍惜和尊重的态度，并让学生在受教育的过程中，培养对社会及他人，尤其是对残疾人的爱心，使中小学生在人格上获得全面发展。基本内容包括生命认知教育、生命伦理教育、生命安全教育和生命发展教育四个部分。初二年级以生活教育为主要内容。生活教育的基本内容包括生活知识教育、生活行为教育、生活规范教育和生活情感教育四个部分。而初三年级则以生态教育为主要内容。生态教育，是倡导人与人、人与自然和谐相处的观念体系，是人们根据生态关系的需要和可能，最优化地解决人与人、人与自然关系问题时所反映出来的思想、观念、意识的总和。

同时，为贯彻落实我校“践行和美教育，成就和美人生”的育人理念，进一步推进学生成长社会实践基地的建设，活化我校德育核心内容——激扬生命、积极生活、关怀生态，使德育工作能真正“贴近实际、贴近生活、贴近学生”，切实提高学生的思维素质、道德素质和文化素质，积极构建体验式德育成长模式。我校已开展了三届以“我体验、我快乐、我成长”为主题的“和美教育”体验式社会实践活动，让学生在活动中体验、在体验中感悟、在感悟中成长，达到“激活内驱，和美成长”的目的。目前，我校已经有近15个德育实践基地，每学期都组织学生前往参观学习，让学生体验不同基地的文化和人情，培养学生的人际交往能力和团结协作能力，提高文明素养。

4. 域外文化——增强师生的国际视野和跨文化意识

教育国际化是现代教育最显著的特征，也是全球教育发展的基本趋势，是培养21世纪国际型人才必备的国际视野、跨文化意识的重要选择。为了让学生从众多的关怀中走出来，体验新鲜的生活环境，了解不同的学习氛围，在共同生活中学会关怀、学会主动、学会团结，我校自办校伊始，就在构建教育国际化的课程体系以及加强教育国际化的多边交流与合作上进行了有益的探索与尝试。至今，我校已先后与香港罗陈楚思中学、澳门濠江中学、英国格雷兹摩学校、加拿大斯科特斯学校缔结了姐妹学校关系，每年通过不同的形式，以不同的主题进行校际交流活动。特别是与香港对子学校的交流，已经成为我校域外文化的一大特色。活动期间，通过组织学生参观考察、参与课堂学习、入住对子家庭等方式，让两校学生一起学习、一起活动、一起生活，从而使学生能进一步了解两地的文化及教育教学情况，以促进学生更好地成长。事实上，通过这样的交流安排，学生与人相处的能力、自身的独立意识及感恩意识都比之前有了很大的提升。该项目受到学生、家长的热烈欢迎。

5. 社区文化——将学校建设成学习型组织

学校的存在与发展取决于社会的需要。从未来社会的发展趋势看，要求学校趋向于多功能，并能逐渐成为地区性的科教文化教育的服务中心。

我校的家长委员会、社区居委、长期稳定的社会实践基地等，有效发挥了育人功能，使综合社会实践活动搞得有声有色。而学生的各种社团，如舞蹈队、艺术队为社区义演、为老人服务等，既锻炼了学生们主人翁的社会责任感，又以一种文化辐射的形式长期影响着周边的文化氛围。同时，我校的“和美教育促进会”，更是在联动各方力量办学、发挥社会资源的教育功能、给予学校本身无法给予的培育使受教育者成功成才、引领受教育者走向辉煌等方面都起到了无可估量的作用，成为区域内有影响力的、有辐射效应的教育资源。

6. 环境文化——推进“和合”课程润物无声

实施课程的平台不仅是课堂，也不仅是显性的教育资源，应该让校园中的每一面墙壁、每一件师生身边发生的事件都产生一种无形的磁场教育功效。环境建设是学校运行的物质保障，也与学校的育人功能联系在一起，若与课程契合，能起到有形无形、潜移默化的育人作用。

我校在校园环境文化建设中，抓住并整合各种条件性（硬件）和素材性（软件）课程资源，使其为学校的核心价值理念服务，从而打造出我校校园文化建设的特色。为每一位学生打好终身发展基础的价值追求，孕育着顺峰中学独具匠心的环境文化氛围。顺峰中学门口的两个从国学经典里走出来的吉祥物“和和”“美美”的雕像娴静而可爱地恭候着每一位顺峰的师生和客人；校训、楼名、墙饰、标语无不以“和美”为主题；还有体育馆、舞蹈室、音乐室、美术设计室、版画室、劳技室等多个培养学生个性特长的专用教室，体现着“和美”理念的无所不在；更有温馨典雅的和风心理室，能给学生一个温暖又放松的谈话空间。此外，高端配置的物理、化学、生物实验室，设施齐备的电脑室、机器人室等，为课程实施提供了有力的硬件支撑；独特而现代的微格教室，更是为课程改革提供了强有力的硬件支持。这一切不仅大大激发了师生探求新知识的欲望，而且将学生的创新思维、丰富的想象变为现实，成为学生动手、动脑、实践、探究、自主学习的沃土。

（三）搭建“和合”课程体系架构，学生全面发展有平台

从学校教育承载的育人功能来看，课程应该是指学生在学校的全部学习生活的总和。只有具备了这种广义的课程观，学校课程体系的架构才会更加清晰，才能更有效地设计出实现预期目标课程。基于此，顺峰中学课程体系架构秉持“和谐共生、各美其美”的理念，在“尊重差异、合作共赢、发展个性、成就卓越”的内在价值追求下，形成了由五大科目、十二个专题、若干模块构成的校本课程体系。在课程类型上，采用学科课程或者综合课程；在实施形式上，采用课堂教学或者体验活动。详见下图：

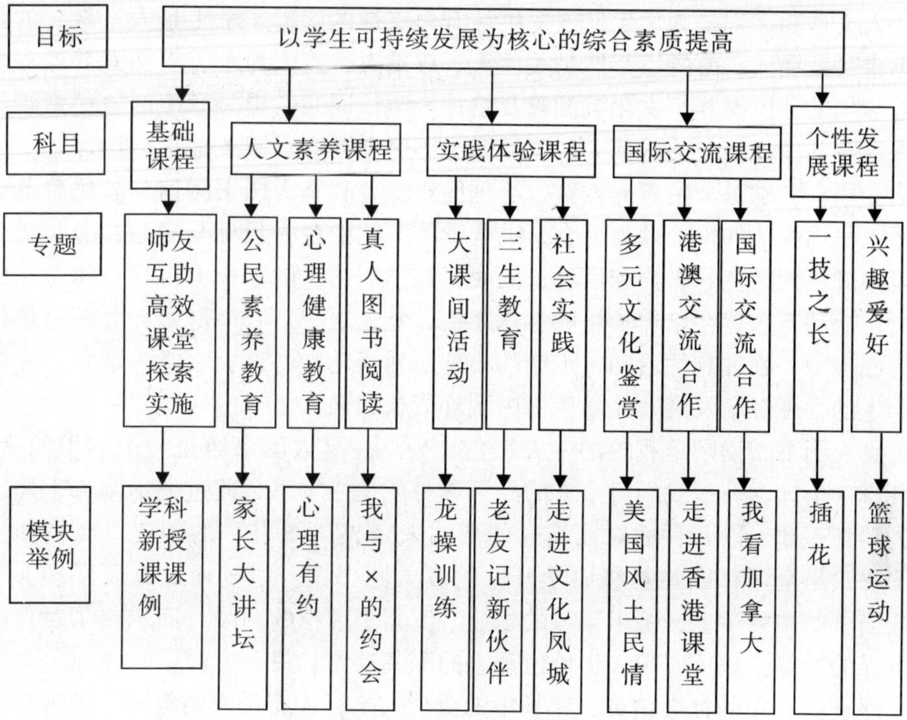

顺峰中学校本课程结构图

基础课程是指为学生发展提供坚实基础，以国家课程的校本化实施为主，通过课堂教学方式的变革，培养学生积极的学习兴趣和良好的学习习惯，不断发展学生学习能力的课程。

课程文化是课堂教学过程中师生行为互动特征的体现。高效课堂不仅是学生积极参与获得知识和技能并形成能力的过程，也是师生、生生民主互动、精神生命绽放的过程。课程实施的过程是教学工作的过程，因为课程最终要通过课堂教学得以实现，课程改革的攻坚战在课堂。这其中，教学的有效性是关键。文本课程要转化为真实的实施课程，落脚点在课堂。教育理念要转换成教学现场可以实际操作的策略、方法，落脚点也在课堂；课程再丰富，理念再先进，没有课堂教学的有效实施，就不能使教学真正落到实处。

我校力推"师友互助"的智慧课堂模式，强调师生、生生之间的互动与合作。通过互助互帮，联动起学习的各类元素，倡导关注学生内在发展需求和可持续发展，反对只重结果不问过程、只重效率不讲人文的功利主义教学。通过"师友互助"，组建学习共同体，把课堂的话语权交给学生，让学生真正成为课堂的主人，最终真正实现"和美共赢"的目标。

人文素养课程是为学生发展提供最有力支撑的课程。学生是人，教育的最终目标也是发展人，落脚点必然是关注人、尊重人，以人为本。人文素养课程旨在培养学生的公民素养、文化沉淀以及精神气质，同时，提升学生的道德意识，让学生学会关注社会、关心他人、关爱弱小，服务社会、服务他人。该课程主要有三大专题，分别是公民素养教育、心理健康教育和真人图书阅读。公民素养教育主要以每周一节的班会课为平台，结合学校不同的育人目标与规划，分年级、分阶段推进不同的主题班会课活动；同时，每学期两次的家长大讲坛、每学年的爱心义卖活动等，旨在培养学生的感恩之情、爱人之心。心理健康教育则是依托每周的心理课、心理有约活动，定期的心理团辅活动和心理大讲堂等形式，充分关注学生的心理健康发展，让学生由内到外成长起来。

真人图书阅读则是我校的一大特色、亮点。真人图书馆是一个虚拟的概念，它分享一个理念——我们每个人的经历本身就是一本书，通过把不同人生经历的人邀请到一起，以一种面对面沟通的形式来完成“图书”的阅读。我校和悦真人图书馆是全国首家在初级中学开办的真人图书馆。学校通过调研发现，一方面，当下的初中学生，忙于繁重的学业，沉溺于虚拟的网络，而忽略了对自己心灵世界的滋养，缺乏实现人生价值理想的深层动力。另一方面，顺峰中学“和美教育促进会”中的社会精英、家长中的成功人士，还有学校的教师、优秀学生代表，他们都有着丰富独特的人生履历，都是一本本充满人生经验和智慧的“书”。人们是喜欢听故事的，这些“真人书”们分享的自己的创业故事、学习故事、生活故事、旅行故事，能让同学们跳出平面的书本，接触社会各个领域、方方面面迥乎不同的故事，这些精彩纷呈的故事表现了人性不同的侧面，透露着不同的文化色彩，也迸发出个人创业发展的智慧的火花。这些传递人生正能量的大同之声，将会和课本的知识汇聚在一起，成为同学们人生道路上进步的阶梯！

三大专题课程为学生的健康心理发展、人文素养发展奠基了坚实的基础，处处彰显教育的人文化、生本化。

实践体验课程是我校德育课程的最大特点，是为学生德育发展提供最根本保障的课程。道德目标，只有当学生自己去追求和亲身体验的时候，只有当它们变成学生独立的个人信念的时候，才能真正成为学生的精神财富。因此，我校的德育课程建设坚持“以体验替代说教”“以活动替代灌输”。不管是大课间活动、“三生教育”，还是社会实践，都旨在让学生在活动参与中感悟，在感悟中提升。特别是社会实践，定期组织学生走进本土企业等不同领域，让学生充分体会校园外的生活。社会是个大课堂，它能教会学生教师无法传授的技能。社会实践活动，更可以理解为是对学生现有的校园学习生活的补充和延伸，是广义上的学习。陶行知先生曾说：“教育即生活，社会即学校。”学生只有不断地与外界接触，才能不与社会脱节，才能与时俱进，才能全面发展，成为一个健全的人。实践体验课程的终极目标是使受教育者在体验的基础上获得人之德性的自然、和谐发展，达到自我“情感升华”和“个性完善”的内化和外显，实现知、情、意、行相统一。

国际交流课程旨在拓展学生视野，是为培养国际化公民而奠基的最有力的课程。现在，国家的改革开放更加深入和广泛，教育国际化势在必行。交流学习的经历不仅为学生提供了感受不同的课程体系、教学方法、教育模式与管理理念的机会，还使学生有机会主动接受不同校园文化环境的熏陶，感受不同学校的优势与特色。交流学习使学生的视野变得更加开阔，思维更活跃，认识问题更有深度，与人交往能力更强，适应环境的能力明显提升，生活独立性得到锻炼，自尊心普遍增强。同时，还可以对学校的校园文化产生影响。

个性发展课程是为学生发展提供最持久影响的课程，体现学生的个性特色。我校根据学生个性兴趣发展，按需开发了不同的个性拓展课程，包括校队、社团和丰富多彩的第二课堂。

我校现有校队 20 支，不同特色社团 14 个，每学年学科组开发的第二课堂选修课达 30 门。每学年伊始，先由学生根据自我兴趣爱好自行在网上选择选修课，教师再根据实际情况进行调整，第三周即开始课程学习。现在部分校队与社团建设已卓有成效，如机器人队、观鸟社等，已在区域内有一定的影响力，屡获殊荣。

这五大专题校本课程，每一个专题课程都包含若干模块供学生自主选择，各类课程互为联系、互相补充，既注重学生的个性特长培养，又关注群体的和谐发展，以课程开发实现育人目标。

（四）构建多元课程评价文化，个性特色发展有保障

美国教育家斯塔费尔比姆说：“评价最重要的意图不是为了证明，而是为了改进。”学校课程文化评价机制应是为了人的发展而存在的。因此，我校的课程评价注重评价机制的过程性、评价内容的多元性，评价方法的多样性，旨在深入学生发展的进程，有效帮助学生形成积极的学习态度、科学的探究精神，真正实现“和而美”“和而不同”。

1. 过程性评价

对教师强调多元评价，以学校、教师、学生、家长评价为主，注重教师的教学能力、科研能力、课程意识与观念的转变；对学生注重综合评价，从学习品质、学习态度及人生观、价值观等方面，让学生学会学习、学会合作。

2. 终结性评价

学校的教育教学质量始终是学校的生命线。有效的课程评价是确保学校教育教学质量、促进教师专业发展的重要举措。因此，终结性评价既是手段，也是必需的选择。

3. 多元性评价

在评价内容上，既重视学生的学习成绩，也重视学生的思想品德以及多方面潜能的发展；既重视教师的专业水平提高，也重视教师的职业道德修养；既重视学校整体教学质量，也重视在学校的课程管理、教学实施等管理环节中落实素质教育思想，形成生动、活泼、开放的教育氛围；既注意对学生、教师的统一要求，也关注个体差异以及对发展的不同需求，为学生、教师有个性、有特色的发展提供空间。

四、研究不足及未来的设想

（一）研究不足

1. 学校课程领导及管理体系亟待优化

伴随着“和合”课程的不断推进，我们越来越感到原有的课程管理模式不能适应新课程推进的要求，全新的大课程体系观要求我们跳出仅凭教务处一家独管课程的狭隘思维模式，充分调动和整合全校各部门的管理职能，才能将“和合”课程的育人目标落到实处。

2. 特色课程体系的建构亟待优化

课程文化建设是一项系统的育人工程。凡是对健全学生发展具有教育作用的因素都是不可轻视的。从大的教育文化环境来看，课程文化建构，需要整合家庭文化、社会文化和学校文化，使三者进一步融合，形成整体育人优势。我校虽然在整合家校、社区资源方面有了一定的成绩，但课程的整合力度与效度都有待进一步的提高。

3. 特色校本课程教材亟待开发

校本课程开发要以校本课程教材为载体，校本课程教材也是教师课程开发的文本呈现，我校在这一方面还比较薄弱，还没有自成体系的校本课程教材。

4. 校本课程评价的多样性亟待深入研究

虽然我校已有意识地在课程评价中注重评价的过程性、内容的多元性、方法的多样性，但在实际操作中还是由于主客观上的种种原因，未能形成有体系的评价方式，评价意识也未能成为教师课程开发的“应然”关注点。因此，还需对校本课程开发的价值取向重新进行审视、修正与创新。

（二）未来设想

学校课程文化的打造是一个系统性、开放性、长期性、螺旋上升的工程。在未来的研究里，我校拟从以下几个方面进一步扎实推进我校的课程文化建设工程。

1. 建构校本课程开发共同体

课程开发需要联动教师、学生、校外、社区等资源。没有校外支持的变革，有时会陷入盲目或盲从，要么缺乏理论深度，要么缺乏文化自觉，很难真正找到属于学校自身的“有价值的个性”。

2. 提升教师的课程开发能力

校本课程开发的质量取决于教师的课程开发能力。课程开发不仅是一种专业技能，更是一种专业智慧，对教师的综合能力要求较高。为此，需要先对教师进行相关的培训，让教师掌握一定的校本课程理论；然后引导教师在“做”中学，通过课程开发的实践，内化课程开发的技能与能力。同时，引导教师整合课程内容，累积素材，形成独有的校本教材。

3. 优化课程开发的整体规划意识

课程若缺乏规划愿景，则缺乏教育的生命力，影响力很小，教育价值不高。因此，校本课程开发要立足于学校、为了学校，必须与学校的整体发展相结合，与学校的发展愿景相一致。同时，需要从课程的原点出发，从“人与自我”“人与社会”“人与自然”等主题切入校本课程开发。

4. 完善校本课程评价方式

校本课程的开发与实施是一种“准实验”的行动研究，因而需要对课程开发与实施的全过程进行引导、反思与调整。课程作为一种过程，既是从课程目标确定、文本课程研制、课程实施到课程评价的完整过程，也是一个持续改进的过程。为此，我们需要对校本课程整个过程进行反思、评价和调整，以促进校本课程的完善。

5. 强化课程领导意识

优化学校课程管理体系，强化课程领导意识，让学校管理者从学科领导转向课程领导，提升学校领导的课程领导力。同时，要切实把课程文化作为学校文化建设的核心，使学校的育人功能凭借课程得以发挥，此外，也可凭借课程把学校文化系统中的各因子整合起来，以关注学生的成长、发展、生命体验为主轴，实现学校教育元素的优化组合和高效率运转。

寻找“立德树人”的最优路径

罗冬云

文化是学校发展的摇篮。顺峰中学坚持文化立校、“和美”发展，从建设“和美”教师文化、“和美”学生文化和“和美”家校文化着手，完善学校教育价值导向，敷设学生生命成长路径，促进学生成长环境优化，始终坚持并不断调适“立德树人”的最优路径，使学校德育化蛹为蝶，完成了美丽的蜕变。

教师立师德，家长立家德，社会立公德，学生立学德。和心以教，学生传师德承家风；和学以情，学生谨私德立公德，并逐步完善自己的“和美”人格。学校德育尽可能调整适应了学校教育、家庭教育和社会教育目标与内容的一致以及教育过程与方法的协同，产生了更好的德育绩效。

一、陶冶教者情怀——和心以教

教育是良心的事业，也是为社会行功德的事业。顺峰中学在教师、家长和参与学校教育的社会人士当中宣扬并倡导“十心”文化：处世真心，待人实心，立业忠心，予人爱心，成人善心，做人有信心，行动有决心，办事有恒心，育人靠细心，树人有耐心。凝聚心力，和教以心，造就教育者的良心。

学校将办学理念、教育理念、“三风一训”、顺中精神、校徽、校歌、校吉祥物、顺中口号等进行提炼和解读，并通过墙体张贴、实物展示、学校文化宣传片播放、校刊校报刊登等方式进行宣传，使之成为具有学校特色的教育话语和文化话语。顺峰十景——铭记拓荒的手模墙、“和和”“美美”吉祥物、鲜活的文化标识、惠风晓畅桂和园、仿真迷幻的地理天空、融通教育教学的微格课室、多彩纷呈的课室后墙文化、展示才艺的艺美苑、温馨的家庭式办公室和心灵氧吧“和心馆”，成为师生共同营造的和美精神家园。

二、培养学人觉悟——和学以情

相知同学，信赖伙伴，是初中生最纯真、最美好的情怀，是生命成长最丰厚的精神资源。顺峰中学开展学生师友互助，促进互帮互学；活跃学生社团，培养伙伴默契；开放心理剧院，激活心灵正能量。新的伙伴文化悄然形成，和谐班级中相帮以学、互教以情的风气正在延伸。

“和而美”“和而不同”是“和美教育”的核心价值观。“和而美”是实现学生全面发展的基础。我们要求班级基本要素立足“和美”建设，将班容班貌、卫生保洁、遵章守纪、仪容仪表和好人好事等纳入相对精细的班级量化管理中，以求形成良好的班风和学风。“和而不同”鼓励班级的特色发展，以营造和谐班级文化为出发点，对班级管理和班级文化建设做出新的探索。各班依据班主任教育个性或学生兴趣喜好确定班级特色主题，推进“一班一特色”“一班一品牌”和“一师一品牌”的特色班级文化建设。在特色班级文化建设中，发挥班主任班级建设的引领作用和学生群体参与的主体效应，使特色班级文化产生特殊的教育作用，并借此形成生动活泼的班级文化。“书香班”“乐学班”“共进班”等班级的建设，营造了良好的班级文化氛围，并通过班级门文化与课室后墙文化等方式进行展示，隐性的班级文化得到了显性的表达，收到了良好的教育效果。

三、“和美”教师文化成为立师德的价值导向

教师是学校“立德树人”的核心。顺峰中学教师团队是学校践行“和美教育”最有凝聚力、最富粘合力的教育力量。建设“和心”德育团队文化是教师“立德”的需要，更是学校“树人”的需要。通过“和美”升旗手、教师“和美之星”“我最喜爱的教师”等评选和表彰，树标立范，让教师在“立德树人”上有可学习和效仿的价值依据，有进德修能的根本。重视校本学习和培训交流，让教师得到丰富的教益和营养，增益师德的内涵。一对一帮扶、团队式带教、青年教师沙龙、班主任沙龙、网上荐读、网上“在线呼教”等活泼自由的形式，增进了教师间的联系与合作，让“和美”教师文化点滴渗透，产生滋润。学校还成立“和心”班主任工作室，力图将其建设成教育力的聚合平台和生成平台。培养班主任骨干，加强班主任、副班主任与学校家长间的教育联系和合作，实现德育内容的主题化、德育文化的群体化、德育功能的人性化、德育方式的内在化和德育效果的永久化，形成具有和谐育人特色的德育文化影响模式。

四、“和美”学生文化成为立学德的成长路向

对学生心灵的教育应该是和风细雨式的潜移默化教育和活性教育。根据学生不同的兴趣爱好组织的形式多样的社团，使学生非正式群体变成满足兴趣特长发

展所需的组织群体，可以增进同学间的互帮互助和相互学习，亦可以增进同学间的友谊与联系，让同学间产生兴趣认同和发展支持，形成有益互进的、和睦的伙伴文化。见贤思齐，择善而从，自古以来就是很好的学习法则。我们鼓励那些品学兼优或有一定领导力和影响力的学生与周边的学生建立相对比较松散的帮扶关系，起到师友的特殊教育作用。对优秀的学生进行表彰，让伙伴的榜样力量对朋辈的心理产生影响，引导学生形成积极向上的价值观。学生领袖、社团等培训了学生的领导能力，加强了学生的自主管理能力。学生会、广播站、礼仪与主持、学生义工等团体，让学生们能够发挥自己的特长。

学生体验式心理教育活动的开展是和睦伙伴文化最具预防性和启发性的部分。我们通过学生心理团体户外活动和心理剧表演等学生喜爱的形式，将心理障碍消弥于无形，使奋斗中的挫折和情感中的纠结得到宣泄和释放。学生们在自我和伙伴的认同和影响中，建立起相互理解、相互依存、相互帮助、相互包容、相互竞争的良好关系。这种关系氤氲成风，就形成了相帮共进的伙伴文化。

五、“和美”家校文化成为立家德、立公德的环境导向

以建立和谐互动、相互支持为基本特征的“三同模式”（同向、同步、同力），发挥家庭、学校、社会合力联动、共同育人的功能，营造合作共赢、和兴家校文化。学校教育、家庭教育和社会教育三合一是保证教育一致性、防止教育力量被抵消的有效途径。一方面，我们重视家庭教育和社会教育在学校教育中的融入，通过家长大讲坛、家长义工和真人图书馆等形式，挖掘家庭和社会的教育资源，并将其直接吸纳为学校德育课程。另一方面，我们扩充德育管理网络，疏通教育渠道，探索联合教育的途径和方法，把家长义工、居委会、片区民警等社会力量吸纳进来，让他们参与学校教育和管理，改良教育评价，全面实施学校好学生、家庭好孩子、社会好公民的“新三好工程”。同时，我们还依托学校“和美教育促进会”，建设学生社会实践基地，拓宽对外交流和国际交流，使和兴家校文化朝着更深、更广的方向拓展。

六、“和美”德育课程是“和美”人格历练的重要载体

校本课程是指学校根据自己的办学理念，为适应学生多样化发展的需要，以本校教师为主，充分利用所在社区和学校的课程资源所开发的课程。顺峰中学以“和美”为核心，形成了“和而美”“和而不同”“内和外美”的办学理念，这些理念是学生全面发展和个性发展的统一。在践行“和美教育”的过程中，教

师们对国家课程和地方课程做了校本处理，以学生兴趣为引领，以“学以致用”为核心，组建各种学习兴趣小组和社团，开发了成系列的“和悦校本课程”。学校德育通过强化体验，提高效果，逐步实施“以德树人”的“和美”德育校本课程，并通过课题实现对德育校本教材的开发。围绕和美德育，以主题班会课的课程形式，开发《和悦生命·和美生活·和谐生态》必修德育校本教材，同时，开发真人图书分享和学生社会实践指引等选修德育校本教材。德育校本教材的开发和德育校本课程的实施，促进了学生“悦学、悦纳”，提高了教学质量，最终实现了学校的教育目标。

以培养学生的“和美”人格为核心，在德育文化建设中贯彻“和而美”“和而不同”“心和行美”“内和外美”的教育理念，形成既具有理论支撑又具有较强实操性的德育体系，完善内生教育和润化教育模式。以学校“和心”班主任室为龙头，加强教师培训和交流，促进教师规范化和个性化成长，建设一支德育能力过硬的工作队伍。提高德育工作的理论水平，建设“一班一特色”“一师一品牌”的“和而美”“和而不同”的校园文化氛围。有效开展特色社团活动与学生领袖培养、心理教育等活动，保障学生心理健康发展。充分调动家长、社会各界力量，通过家长委员会、家长义工、家长大讲坛等方式使学生家长参与学校的教学活动，成为学校教师之外的一支有力的教育队伍。利用现代化的信息手段，通过网络平台与家长充分沟通，形成家校合力。通过学校特色文化建设校本研究，在“立德树人”上找到最优的途径，最后形成鲜明的“和美”德育特色。这就是“和美教育”的方向和使命。

如何在初中学科教学中体现“和美”

唐开杨

一、“和”“美”的概念

如果用百度搜索“和美”一词的话，会发现并没有关于“和美”的深刻的解释，但是将“和美”拆开，会发现它们各自蕴含了深刻的含义。

百度给予“和”的概念是：作为连词，意思是“与”，也可作动词，表示应和或搅和；作为形容词，是指不同事物或方面的相互关系是令人满意的，知道的人都处于皆大欢喜的状态，例如和谐、和而不同、和为贵、和平；作列举时，和通常加在最后一个列举项前面。“和”是社会学和美学特别是中国哲学的重要范畴。

百度给予“美”的概念是：会意字，金文字形，从羊从大；古人以羊为主要副食品，肥壮的羊吃起来味很美，本义是味美。另外，羊也是象形字，象征人佩戴羊角、牛角，古人认为这样很美。美的基本形态是艺术美和现实美。其中现实美包括自然美、社会美、教育美。美，不仅要表面美，还要心灵美，这样才算真正的美。通常指使人感到心情愉悦的人或者事物。

在上述概念中，和与美的意义是独立的、抽象的，千百年来，我国伟大的思想家们更愿意将其融入哲学的思想中去领会。这就要求我们想要准确地把握“和美”的内涵，就一定要准确把握“和美”在哲学思想中的体现。

二、“和”与“美”的哲学基础

美是从“感”的角度和直观的角度出发来研究问题的。作为一种判断，审美判断具有康德所说的非功利性特征，同时还具有超越真假的特征。就是说，审美判断不涉及善恶和真假，只涉及愉悦的感受。它是哲学层面三大领域（即真、善、美）之一。这就是说，美不是真和善能够代替的，正如美也不能代替真和善一样。“和美”即“以和为美”。在美学的范畴内讨论“和美”时，可以通过

"和"的方式去感受让人愉悦的人或者事物。

综上所述,"和美"教学过程首先是一个精神成长的过程,然后才是学科获知过程。教育部印发的《基础教育课程改革纲要(试行)》提出了课程与教学的"三维",即知识与技能、过程与方法、情感态度与价值观的培养目标。这里所说的知识与技能,既包括学科方面的,也包括审美能力,它为认知能力的全面发展,特别是创造性思维能力的发展提供了必要的基础和有利的条件。情感、不仅包括理智感、道德感,也包括美感;兴趣不仅是指学习的兴趣,还包括喜欢、热爱、快乐、审美情趣等丰富的内心体验;态度不仅指学习态度,还包括乐观的生活态度、务实的科学态度、积极进取的人生态度;价值观则强调人内在价值和社会价值的统一。这些都应该是"和美"教学的目标。

三、"和美"教学的课堂体现形式

"和美"教学过程应该把主体参与、自由创造、形象生动、快乐体验、游戏式的教学方法融入智育活动当中,在教学过程中形成一种轻松、自由、民主的和乐教学文化,在学科教学中将丰富的"和""美"因素与学科教学内容有机结合起来,克服由于忽略教学中的"和美"因素而导致的教学过程枯燥乏味的现象,使学习达到"知之、好之、乐之"的境界,使智育不仅是一个实现科学化、理性化的过程,也是受教育者自我实现、自我完善、自我创造,主动追求至美境界的过程,并让学生在这一过程中养成自主学习的习惯,初步培养自己终身学习的能力。

四、课堂如何体现"和美"——以数学课为例

现行每一门初中学科的教学都可以看作由几个步骤进行。比如数学,一般分为情境引入、新课讲解、运用新知、巩固练习、当堂测试、拓展延伸、总结评价七个步骤。每一个步骤中均可以结合学科特点展现出"和美"。

1. 情景引入——感知美

在数学课堂中,一段精彩的导入语常常会产生奇特的效果,教师以其富有个性的引入,能很快把学生的注意力吸引到对新知识的学习中来,激发极大的兴趣,启迪学生的思维,唤起求知欲。

2. 新课讲解——发现美

这一步骤,抓住学生好奇的心理特点,教师指导学生进行自主探究,充分经历观察、猜想、交流、推理、概括等过程,体验探究数学本质的快乐,使学生在

探究数学知识的过程中学会学习，并运用数学的感知发现隐藏在生活中的美。

3. 运用新知——求同美

虽然学生在前面的一系列活动中形成了一定的知识结构，但认知结构中还存在盲点，学习方法和解题方法还存在许多不科学的地方，这个阶段教师要帮助学生使分散的知识结构化，形成完整的知识结构，提高解题的综合能力。

4. 巩固练习——齐放美

这一环节是提高教学质量的保证。它可以使学生及时进行知识反馈，加强学生的理解和记忆，提高分析问题、解决问题的能力，开发学生的智力，百花齐放，争奇斗艳。

5. 当堂测试——争鸣美

任何一个学生要建构新的认知结构、巩固知识、形成技能，都离不开独立活动，都要进行测试。当堂测试就是这样一个活动。

6. 拓展延伸——创新美

在教学过程中，要善于从教学内容出发，遵循学生的身心发展规律和年龄特点，引导他们进行创造性思维，激发创造力，要达到“课已尽而思未了”的效果。

7. 总结评价——和谐美

数学课的结尾，总结评价功夫要做足。有效、合理地给予学生及时的表扬，能够使学生自尊、自信、自我。要理顺学生的知识体系，让学生感觉到能力的提高，突出这堂数学课的核心价值。

一节数学课，每一个环节都洋溢着美的感觉。如果足够细心，便可以在课堂的任一环节中发现美，并且这种美不仅仅存在于数学学科中，每一门学科中都能够体现。

初中学科的“和美”课堂就是把主体参与、自由创造、快乐体验等“和”的过程融入整个教学活动中，使学生不仅学到知识、提高能力，也享受到“美”，从而让学生形成一种严谨学习、乐观生活、务实科学、积极进取的人生态度。

在校长室的带领下，在教务处的组织下，顺峰中学“和合”教学的打造、“和美”课堂的打造皆已取得不俗的成绩。目前，学校以“师友互助”为教学组织形式组织各个学科的课堂教学，课堂内外洋溢着学生成长的幸福。本文谨为各个学科课堂内展现和美的形式做一个粗浅的指引，以期让大家明白，一直以来，我们都在努力建构“和美”的课堂。

学校主题文化背景下的德育设计与实践

向春霞

一、学校文化与学校主题文化

学校文化是指在学校长期发展过程中积淀的价值共识下形成的学校教育文化体系。当这一体系能集中围绕某一主题去构建、呈现和实践时，此时的学校文化就是学校主题文化，或可称为主题的学校文化。

不难发现，现下不少学校都非常重视校园文化建设，但由于缺少主题的统领，学校文化色调杂乱，分散零碎，很难产生整体效果。加之没有学校文化建设的系统意识，光顾着外在呈现，更使学校文化缺少丰富的内涵。强调学校主题文化的概念，就是想纠正这样的倾向，使学校文化建设既具有教育的共性，又具有学校的个性，使学校文化在学校教育中发挥支持和引领方向的作用。

二、学校主题文化是学校诸种文化的血脉

学校文化作为一个系统，其由外至内包括：表层的物质文化——学校的校舍、设施、环境及人文景观所体现的文化特征，浅层的行为文化——师生行为散发的文化氛围；内层的制度文化——学校制度、规章、规则所带来的同化约束，深层的精神文化——由一定价值观所决定的办学思想和师生群体意识。

如果把学校诸文化看作一个家族，使各种文化勾连在一起的，就是学校文化的主题。学校文化的主题是学校诸种文化的血脉，这成了不同学校文化之间辨识度最高的文化特征。

以顺峰中学所建设的“和美”特色学校文化为例，“和而美”与“和而不同”是学校文化建设的主题。在物质文化上既要讲求整体的和谐统一，又要讲求各种物质形式的多样变化。

三、德育设计与实践对是学校主题文化的项承

教育部《关于大力加强中小学校园文化建设的通知》指出："校园文化是学校教育的重要组成部分，是全面育人不可或缺的重要环节，是展现校长教育理念、学校特色的重要平台，是规范办学的重要体现，也是德育体系中亟待加强的重要方面。"

学校德育承担了学校教育的主要职能，那么，在德育体系设计和德育实践中如何体现学校主题文化的特色，又如何发挥学校文化的教育功能呢？对此，我们进行了系统构想和分层推进。

（一）建设核心团队，形成全员育人的教师德育文化

抓住德育工作的骨干线，全力推进班主任队伍建设。班主任按照学校提出的"五星四勤三抓两主线一核心"的思路开展工作：制定"守纪律、讲卫生、爱公物、保安全、促学习"五星班级评比细则，倡导班主任工作要脑勤、嘴勤、眼勤、腿勤和抓实、抓细、抓活；把培养学生良好的行为习惯和学习习惯作为班级工作贯穿始终的主线；把"三生教育"作为德育工作的核心内容。成立班主任工作室，全力打造班主任核心团队，树立班级管理标杆，探索班级管理途径和方法，带动和提升班级管理。兼顾德育工作的辐射线，发挥科任教师的育人作用。各班配备副班主任和下班老师，建章定制，落实考核，实施全员育人。重视德育工作的自主线，加强团委、学生会、少先队的建设。为学生提供自我教育、自我锻炼、自我发展的空间，使其真正成为德育活动的主体，全面推动学生的特长发展和自主发展。

（二）建设和谐班级，形成"和而美"的学生群体文化

"和而美""和而不同"是"和美"教育的核心教育价值观，以此营造和谐班级，进行人格教育，达成"自律、自主、自为"的"三自"目标，是对班级管理的新探索。学校倡导各班以课题形式推进"一班一特色"和谐班级工程建设，呈现班级特色。有的班以"同心圆"为课题，以班级三年的发展规划为圆心，再根据个人的特长和能力来确定自己三年的发展规划，同心协力，实现发展；有的班级以"手砌墙"为课题，在班上倡导"互补为用"，相互包容，取长补短，相互适应，相互学习，在班级的共同建设中加强合力，提高凝聚力。

（三）开展和风心育，形成“和而不同”的学生伙伴文化

“和美”文化最终要在对学生个体的关注中体现，不能制造群体强势、压制个性发展的表面的“和”，而要在“和而不同”的个性鼓励中实现“和而美”的真正的“和”。和风细雨的心育活动，就成为促进学生整体全面发展和个体充分发展且协调一致的平台。

学校开设了“和风塘”心理咨询室，每天定时对学生开放，为学生建立起心理疏通的渠道。学校还建有综合性心育场馆“和心馆”。学生可以在那里自发组织心理剧表演，在表演中达到心理宣泄的目的，并接受积极的心理暗示，完成对心理的平抚和慰藉。

我们还通过学生社团建设和课堂学生师友互助的途径，让学生结成新兴伙伴关系。学生间互帮互学，同甘共苦，享受共同进步带来的喜悦，建立伙伴间的正能量互输。

四、学校主题文化对学校德育特色形成的作用

（一）学校主题文化对完善学校德育体系起到了脊椎的架构作用

就德育而言，“和”是道德智慧，“美”是审美境界。营造人际和睦、校园和谐、人格和美的学校文化，进而形成“和于心，美于行”的师生“内和外美”的和美观念、和美心态与和美行为。“和美”学校主题文化在德育管理网络组织、德育实施过程和德育绩效评价中都起到了至关紧要的作用。

（二）学校主题文化是学校德育管理网络的结点

科学合理的机构网络是实施德育的重要保证。无论是学校团队、级组之间分工协调与全员教育的协同合作，还是学校、家庭、社区三合一与联合教育，“和美”特色学校主题文化都能居中驱动，成为整个德育管理网络的结点。

（三）学校主题文化成了学校德育途径的导航

构建以“激扬生命，积极生活，关怀生态”为核心内容的顺峰中学“三生

教育”校本德育课程系列。校本德育课程系列就学校德育实施的途径，在路径的选择上除了要到达培养人的“目的地”之外，“和美”主题就成为“最短路径”且“高速优先”的基本原则。

以心理健康教育为例，变过去的“说教式”“灌输式”和“压制式”为“体验式”“渗透式”和“引导式”，采用“单一化硬性制度管理”和“多元化软性德育熏陶”有机结合的方法，就成为主题文化教育方法选择的原则。

（四）学校主题文化构筑了学校德育评价的标杆

全面实施“学校好学生、家庭好孩子、社会好公民”的顺峰“新三好工程”，变传统的、孤立的、平面的学校一维评价为现代的、网络的、立体的家校社区三维评价；构建“横向对比评价和纵向增值评价相结合”的动态增值评价体系和“捆绑式”的小组及全员德育评价体系，是服从学生整体全面发展和个体充分发展的教育价值取向，能充分体现“和而美”与“和而不同”的教育文化。

通过星级班评比、星级宿舍评比、个人品行考核、“和美”之星、“和美”进步之星等方式，对教学区与生活区、班级与个人从出勤、纪律、卫生、班容班貌、仪容仪表、板报、门窗水电、升旗仪式等各个方面进行全方位、全过程的量化考核与落实跟进；完善饭堂、宿舍、午休室的德育量化管理工作；完善“顺峰义工”考评制度，实行“顺峰义工积分制”，将积分与学生个人和班级的评优评先、星级考核、毕业考核挂钩。这些具体的评价手段都需要服从“和而美”与“和而不同”的教育目标，并使之得到更好的协同。

学校主题文化是学校的生命和灵魂，是贯穿学校发展的命脉，是学校历史和现实的集中呈现，是学校社会形象的最好阐释。它对学校发展具有价值引领的作用。师生观念的认同、情感的相互激励、制度的规范与民主、行为的修炼与矫正都必须置于学校主题文化的背景下。各个层面的文化通过协调一致的动态平衡发挥作用，才能实现对人的真正“改造”，教育的目的性和学生发展的规律性才能在教育实践中得到契合。

协同共治　合作教育

黄　焕

国家综合实力的竞争是科技的竞争，科技的竞争是人才的竞争，人才的竞争归根结底又是教育的竞争。想要民富国强，学校教育怎能不集全社会之力参与？

《国家中长期教育改革和发展规划纲要》中明确提出，要“积极鼓励行业、企业等社会力量参与公办学校办学”，要“健全充满活力的教育体制”，要“完善体制和政策，不断扩大社会资源对教育的投入”，要“鼓励地方和学校大胆探索和试验，扩大办学自主权。扩大教育开放，引进优质教育资源，提高教育国际合作水平”。另外，《关于鼓励社会力量参与办学的若干规定》的出台，给参与办学的社会力量提出了鼓励性措施，是对政策的有力推动。

一、什么是“社会力量参与办学”

人们容易将“社会力量参与办学”与“社会力量办学”混为一谈，其实不然。“社会力量办学”是指在政府教育部门许可的情况下，为减少政府负担，促进教育发展，集合社会各方面力量开办学校的教育推广方式，或者可简单地理解为“出资办学”，与“私立学校”具有相同内涵。

“社会力量参与办学”与之相比，虽然只是多了“参与”两字，意义却相去甚远。“参与”指的是以第二或第三方的身份加入、融入某件事之中。因此，“社会力量参与办学”应该理解为：社会力量在不改变学校现有办学体制，不干预校长办学自主权的前提下，对学校办学、教育、科研等重要事务进行咨询、评议、审议的行为。不仅在资金上支持学校发展，还参与学校的管理和监督，为学校的发展提供多方面的资助，尤其是为学校发展提供人才和智力支持。

二、社会力量参与办学是教育改革大势所趋

广东省“十二五规划”和《广东省中长期改革和发展规划纲要》对教育发

展明确提出，以珠三角地区为中心，跟港澳尤其是香港密切合作，打造南方教育高地。

综观发达国家和我省周边地区（如中国香港）的教育发展，学校管理和经费投入已从政府承担的单一形式转向政府主导、社会力量参与的多向模式，诸如学校董事会、学校理事会等就是社会参与学校管理和资助学校的新生力量，他们为学校的发展注入了强大的生命力。

目前，国内公办初中“社会力量参与办学”主要表现在由各级政府组织的“关心下一代工作委员会”、学校自建的“家长委员会”等群体上。除此之外，近年来，各地还涌现出了一批“引入社会力量参与办学”的试点单位，如：

（1）以成都青羊区为代表的“民主管理委员会”，是由家长、教师、社区、学生四方面的代表组成的，对学校进行民主决策、民主管理和民主监督的自治性组织。

（2）以顺德龙江镇的龙山中学为代表的吸纳社会力量资助办学模式。

（3）以北京四十中为代表的校企联创——面向社会，引入社会热门专业。

（4）以大良顺峰中学“和美教育促进会”为代表的社会组织，是吸纳社会各界力量资助办学，并在学校管理上实行协同共治，建立了社会力量深度参与的发展模式。

三、社会力量参与办学是密切学校与社会关系的有效方法

下面就以顺峰中学“和美教育促进会”为例展开阐述。

顺峰中学“和美教育促进会”（以下简称促进会）是由地方（镇、社区服务站）政府、教育管理部门领导，热心顺峰中学教育事业的家委、社会贤达人士、社会团体、教育同行和学校负责人等参与的协助政府办学的社会组织。

促进会根据成员的背景及其发挥的不同作用分为指导协调小组、家校联络小组、社团协作小组、贤达促进小组、教育协同小组五个小组。学校根据实际需要不定期召集不同类别小组开展工作，发挥好“四功能”：沟通、协调功能，建议、参谋功能，评价、监督功能，整合、提升功能。

1. 为学生更深入地了解和认识社会提供了便捷的条件

众所周知，因安全和收费原因，学校谈“学生外出”而色变，导致学生了解社会、参与实践活动的机会严重缩水。促进会的成立不但解决了资金问题，更重要的是从舆论上进行了引导，从而得到家长和社会的大力支持。例如，2013年，促进会协助我校策划、组织了以“我体验，我快乐，我成长”为主题的“和美教育”体验式社会实践活动，让学生在活动中体验、在体验中感悟、在感

悟中成长，达到了“激活内驱、和美成长”的目的。本次社会实践系列活动涉及家乡文化、环境保护、人文关怀等九个方面，参与活动的学生达五百余人。本次社会实践活动得到学生和家长的一致好评，在社会上也产生了一定影响，加深了学生对家乡的热爱和对幸福生活的珍惜，将教育引入了学生的心里。

2. 密切关注社会发展动态，加强对学生多元发展的有效引导，为学生的终身发展、终身幸福奠基

随着社会的发展、时代的进步，考试分数已不会像以前那样影响人的一生。每个学生如果能结合自身的特点，多元化地发展自己，同样能找到一条适合自己的成功之路。

促进会为同学们零距离了解社会提供了机会，同时还为学生全面认识自我、发现个人所长、感受成功提供了广阔的舞台。

在促进会的协助下，顺峰中学成功组建了“和悦”真人图书馆，“真人图书”可以是才高八斗、名校出身的金领，也可以是初中毕业便进入职业学校却被多家公司争抢的超级蓝领，还可以是政府职员、企业主等。“真人图书”与师生和家长们面对面交流，以自身的经历和感受引导大家了解社会发展动态，进而使其对自身进行反思，从意识上改变“唯分数”的陈腐观念，结合学生个体差异，真正从社会需要出发，客观看待文化成绩与个人发展的关系，以适应未来社会发展需要为目标，进行多元分流，为学生的终身发展和幸福奠基。

3. 通过社会广泛参与学校的管理、策划、发展和评估等工作，学校办学目标、办学理念在社会层面进一步普及

促进会利用社会各方面人员的专业技能、知识为学校发展建言献策，利用自身的社会影响力，为学校发展创造更和谐的社会环境。

促进会成员中有顺德区决策咨询委员会委员，也有草根的“网络意见领袖”，有佛山市的人大代表，也有年级家委。他们充分发挥各自的影响力，从舆论引导到决策意见，从民意到顶层设计，均以学校发展为重，广泛收集和处理各方意见，为顺峰中学的发展营造良好的外部环境。

4. 借助促进会成员强大的社会关系网，整合多方力量促进学校发展

地球村的出现使每个人从一出生便无可避免地参与到了世界范围内的竞争之中。如果我们的教育不能站在更高的高度与前沿去思考，那么我国必将在激烈的全球竞争中出局。这就要求教育者首先要有国际视野，才能带领学生树立国际视野。

顺峰中学作为顺德区教育综合改革项目实验学校，充分发挥其优势，加强与港澳学校的交流，以学期为单位与香港的罗陈楚思中学和澳门的濠江中学互派学生交流：将顺峰中学的学生与港澳的学生结成对子，深入对方的家庭，同吃同住

同学习，切身感受港澳文化的不同。外派的学生回校后，组织分享会，将所见所闻所感与班上同学分享，以求共同进步。三年来，顺峰中学与港澳学校的互动产生了良好的社会影响，学生和教师不仅感受到了港澳的先进文化，同时也将先进的思想带入了内地学生的家庭。顺峰人的观念正在悄然改变。

在促进会的牵线搭桥下，顺峰中学正在与美国和加拿大的华人学校积极联系，准备派遣部分师生走出国门，学习先进经验，扩大学校影响。

5. 参与学校管理，为教师的专业发展提供平台，丰富教师评价

往常，学校对教师的评价是单一的学校内部评价，缺少家长和社会的参与与监督。顺峰中学通过促进会引入了家长和社会人士对教师的评价，作为学校对教师考评的有效补充，使之更客观和全面。例如，教师的年度考核、聘期考核及校内的“和美之星”“我最喜爱的老师”“特色品牌科组”“特色品牌社团”等评比都会征求家长和社会人士的意见。

为适应社会形势发展，密切与社会的联系，扩大教育的开放性，加强对教师有关国情、地情的教育，在广大教师中形成“跳出教育看教育”的大教育观，促进教师队伍的建设，在促进会的支持下，学校组织了多种形式的教师社会实践活动。

社会力量对学校工作的广泛参与，既能对学校工作中的不足及时进行纠正，也能让学校的教育教学更符合社会的需要。

社会转型期，社会与教育的关系日益密切，教育已经成为社会发展的战略重点。教育能否培养出适合社会发展需要的人，成为社会发展的关键。我国素有民众参与办学的传统，从私塾到公祠学堂到书院，历朝历代，社会都将兴学作为最高尚的公益行为。兴学者享受崇高的社会地位，主持办学者享有独立的权力，这些都确保了民族文化虽遭兵灾战乱、改朝换代亦长盛不衰。这种功力既确立了“教育为千古之盛事”的兴教理念，也弘扬了奉献教育的精神。改革开放以来，从侨资兴学到希望工程，中国人办学、兴学的热情一再点燃。尽管古训“行乞兴学”的做法今天绝大多数人都未必能接受，但充分调动社会力量参与办学确实是中国现行教育改革的迫切需要。

“师友互助”模式下的试卷讲评课

韩小艳

2014 学年里，学校的“师友互助”教学改革在初一年级全面展开。我有幸加入了学校的课改队伍，成为课改大军中的一员，在“师友互助”教学理念的引导下，对教学方式进行了大胆的摸索和尝试。在实施课改的过程中，我曾有抵触、有迷茫、有模仿的失误，但也有一点成功的喜悦，说到这个过程，可说“酸甜苦辣咸”五味俱全。在此，本人对试卷讲评课的尝试作一个小结与反思。

一、师友互助改变了我对试卷讲评课的认识

以前，只要在临近期末时讲完新课就觉得万事大吉，就算每周都有至少一次综合模拟考试，也觉得只要改试卷、评讲试卷即可。一直认为试卷讲评课不重要，甚至根本没有把试卷讲评看成一节课，课前也没有做任何准备。甚至有时由于时间紧，在试卷改完后没有时间对试卷作整体分析，没有时间对学生的答题情况进行分析，就拿起试卷盲目地讲，结果往往只是机械地对答案、讲解法，就题讲题，无法面面俱到，目标不明确，重点不突出，作为教学主体的学生很少有机会参与，削弱了学生独立思考和解决问题的能力。一张试卷逐题讲解，常常一节课讲不完，做对的同学不愿听，做错的同学听不懂；没有知识归纳，没有规律总结，更没有对试卷中的创新题目进行思维方法的整合。因此，往往一道题目讲了很多遍，学生仍然不会，课堂效率极低。学生对一些技巧性的题目没有正确的思维方法，没有掌握答题技巧，就还会在以后的考试中出现类似的错误。

直到 2013 学年第二学期，北京八中的专家来我校进行培训。高敏老师介绍数学讲评课“五步十环节”：师友互助、交流质疑、课堂巩固、总结提升、整理反思。听了讲座之后我才发现，试卷讲评课绝不简单，里面的学问可大着呢！在后来的中考复习过程中，根据自己对“师友互助”模式的粗浅理解，我尝试着在评卷时采取这种方式，或多或少地也感受到了这种方式的优越之处！从那以后，我方知试卷讲评课也应该好好准备。

二、师友互助改变了试卷讲评课的上课环节

（一）备课——改卷过程中整理有效信息

试卷讲评课的备课工作从改卷就开始了，改卷不只是简单地打“勾”或“叉”，在改卷过程中要完成两项重要工作：一要针对学生试卷中出现的问题在其试卷上写下评语，比如“题目没有读懂”“没有抓住等量关系”“没有挖掘隐含条件”等；二要收集整理有效信息，将学生答卷情况做好记录，记清哪些题目答得好，哪些题目失分较多，哪些是知识性失分，哪些是技巧性失分，哪些是普遍现象，哪些是个别现象等，作为讲评课上表扬、指导学生的依据，一边点评、一边点名提醒，学生就会听得非常认真。

改卷完毕后，要对学生整体情况进行分析。一般改完试卷，我都会输入各题得分，统计一下各题的得失分情况。

讲评课的前一天，我会把改好的试卷发给学生，要求学生写试卷分析总结，内容主要涉及：

（1）你对本次测验成绩满意吗？

（2）你觉得满意的题目有哪些？

（3）对错题进行剖析：①哪些题目审题错误？扣去多少分？②哪些题目因粗心而导致计算错误？扣去多少分？③哪些题目表述不规范或解题格式不正确？扣去多少分？④哪些题目因数学公式、法则或性质不熟而扣分？扣去多少分？⑤哪些题目因解题速度慢而没时间做？扣去多少分？

（4）你觉得哪个知识点最薄弱？

（5）你最希望老师讲哪道题？

做到上述这些才能有针对性地确定讲评重点、难点、疑点、易错点，讲评时才能做到万事俱备，切中要害，才能做出精彩的教学设计，采用适当的教学方法，提高试卷讲评课的有效性。

（二）上课——讲评课模式的变化

课前会用两分钟时间通报本次测试有关统计数据，一般涉及平均分和各类人数（高分、优秀、合格、低分），并展示成绩分析统计表，既让学生找到自己在班级中的准确定位，又能保护成绩较差的学生的自尊心。

“师友互助”模式下的讲评课教学环节如下：

第一步：师友互助（学生自改与师友互改相结合）。在这一环节中，学生可根据我的评语自行解决一些问题。同时，我会根据改卷中统计的情况，告知学生哪些题可以不用改，言外之意剩下的就属于师友合作完成的相对简单的问题了。

第二步：交流质疑。讲评切忌平铺直叙，更不要成为简单的对答案和说答案的活动，应做到“突出重点，突破难点，加强思路分析，讲究对症下药”。这一环节我会根据统计情况，针对学生反映出来的带有普遍性的问题进行剖析。试卷讲评不能就题讲题，应围绕试题相关的知识、易混概念进行综合讲解，才能使学生通过测试、讲评找出知识的缺陷，同时加深对知识的掌握和理解程度。

例1：已知一个等腰三角形的两边长分别为3、7，则这个等腰三角形的周长是__________。

有些学生给出的答案是13，出现这个答案的原因不是学生没有掌握等腰三角形的性质，而是忽略了题中的隐含条件——三角形的任两边之和大于第三边所致。所以，在评讲这道题时我特别指出解题过程中应充分注意题中的隐含条件。

例2：如图1所示，已知$\angle ABC=\angle DCB$，要使$\triangle ABC\cong\triangle DCB$，只需添加一个条件是______，依据是________。

图1

这是一道开放性题目，答案不唯一，理解并掌握方法是最重要的。因此，我设计了以下几个步骤：①师问友答：全等需要几个条件？证明全等的方法有哪些？②思考：已知几个条件？只能添加一个条件，那第三个条件在哪？③已知一角一边，可以补哪些条件？补边时需要注意什么？通过一系列问题引导师友间的交流，学生不仅解决了本题，还掌握了解决此类问题的方法和技巧。

第三步：课堂巩固（师友合作交流，把出错的题目或重点题目再讲一遍；针对学生普遍存在的问题，教师出示变式题让学生能够及时进行补偿训练，达到举一反三的目的）。

在“交流质疑”环节，我和学生们解决了这个问题：图2（1）是一个长为$2m$、宽为$2n$的长方形，沿图中虚线用剪刀均分成四块小长方形，然后按图2（2）的形状拼成一个正方形。

（1）你认为图2（2）中阴影部分的正方形的边长是___$m-n$___；

（2）请用两种不同的方法求图2（2）中阴影部分的面积。

方法1：___$(m-n)^2$___；方法2：___$(m+n)^2-4mn$___；

（3）观察图2（2），你能写出下列三个代数式$(m+n)^2$，$(m-n)^2$，mn之间的等量关系吗？

$(m-n)^2=(m+n)^2-4mn$。

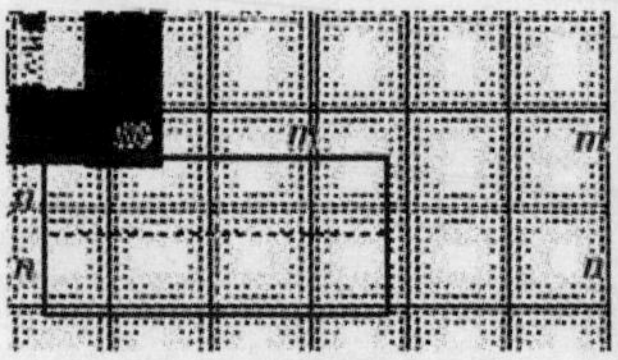

图2（1）

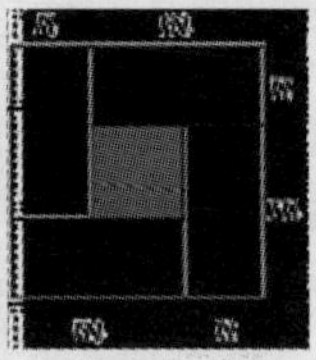

图2（2）

方法总结：

对于同一个图形，用两种方法表示它的面积：①整体法（利用长方形、正方形面积公式）；②各部分面积之和（或用排除法表示图形的面积）。两种方法表示出来的式子一定相等。

在“课堂巩固”环节，我出示了下面这道变式题：如图3（1），边长为 a 的大正方形中有一个边长为 b 的小正方形。

（1）图3（1）中阴影部分的面积是 $\underline{\quad a^2-b^2\quad}$；

（2）将阴影部分拼成了一个长方形［如图3（2）］，这个长方形的长为 $\underline{\quad a+b\quad}$，宽为 $\underline{\quad a-b\quad}$，面积为 $\underline{\quad (a+b)(a-b)\quad}$。

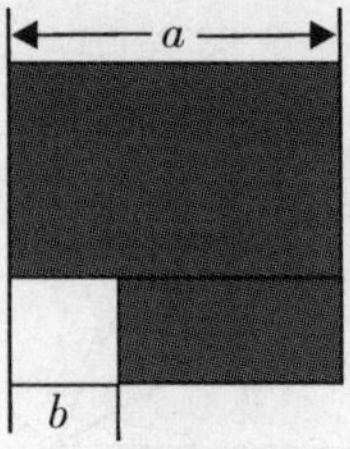

图3（1）

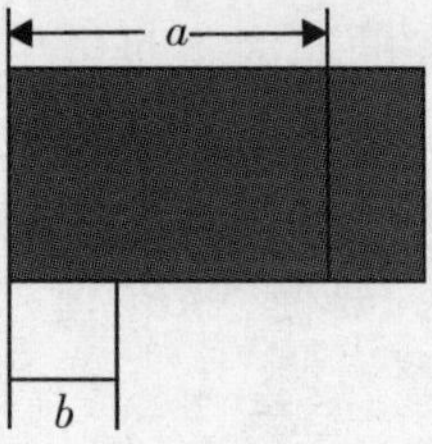

图3（2）

（3）比较（1）（2）的结果，你能验证乘法公式 $\underline{\quad (a+b)(a-b)=a^2-b^2\quad}$。

试卷讲评应当着眼于学生数学学习能力的培养，要注意归纳总结，不断提高学生的解题能力和纠错、防错能力；当堂进行变式巩固，有助于学生理解并掌握解决此类题目的方法和技巧，检测本堂课的讲评效果。

第四步：总结提升（师友总结交流，教师再次总结）。

（三）课后

课后应进行整理反思。学生自主整理，将错题改在纠错本上。

试卷讲评结束，反馈是课程的延伸，也是保证教学效果的重要环节。我要求学生将错题用不同颜色的笔改在试卷上，或者另附白纸，特别要求填空选择必须写过程。改完全部上交，我会再次批阅一遍，如有错误及时纠正。这样既可以督促学生及时改正试卷，也可以了解学生对知识的掌握情况。

三、师友互助改变了学生

新课程标准指出：学生是数学学习的主体，是课堂的主人。而课改的最终目的就是改变学生。期末复习阶段讲评课的学习改变了学生的学习方式，提高了学生的地位，提升了学生的综合素质。

（一）改变了学生的学习方式

这次课改的前提，就是师友的组合。所谓“想唱戏，先搭台”，首先，我把全班44名学生按总成绩分为四个等级：1～11名为A级，12～22名为B级，23～33名为C级；34～44名为D级。然后，进行师友组合：A与C组合，B与D组合，A、B为学师，C、D为学友。两对师友又组成一个四人小组，A级学生为大组长，B级学生为二组长。这样组合可以使学生的交流更贴近，同时也可以促进学友向学师转变的欲望。最后，课堂中按照讲评课的教学模式展开，22个学师关注22个学友的学习，而教师只需要关注22对师友就可以了，实现了点对面与点对点的结合，使每一个学生都参与到学习中来，学友积极配合着学师，最大可能地减少了学习的旁观者，使课堂中没有死角。

（二）提高了学生的地位

一直以来都在说，学生是课堂的主人，但现实操作中怎么做、怎么评价都是在老师指挥之下完成。这次课改，课堂以学生自学互助为主，通过师友互助、师友展示，学生的主体性逐渐凸显，一部分学生已经能和谐互助学习，完成当堂教学任务，初步实现了教师把时间还给学生。于是在讲评课的课堂中经常会出现“我来补充一下”“我来评价吧”“我想请××学友讲一讲”等一些以前老师说的语言。学师们就像是一个个小老师，体验到了以前不曾体验过的优越和自信。

（三）提升了学生的综合素质

此次课改与之前最大的不同在于凸显了师友合作学习。作为独生子女的一代，学生们往往以自我为中心，不会与人交往，不会合作。而“师友互助”这种形式让学生找到了自己的位置，在学习中与人合作，学友能够主动去请教一些问题，学师能够教学友。开始虽然矛盾很多，但是经过一段时间的磨合，师友会越来越默契，班上同学之间发生矛盾的事情也越来越少了。他们会宽容对方，心中有自己，也有“学师（学友）”。这种形式不仅使学生在学习上有了明显的提高，还促进了思想道德的发展。

四、师友互助让我反思自己

师友互助课改进行了接近两个学期，我体验到了些许师友互助带来的收效——教室中没有了死角，同样还碰到很多困难——不知学生们能将这份新鲜感坚持多长时间，更感到有些不知所措——那些学困生是否真的可以放手，也还有很多自己做得不好的地方等。

临近学期末，即将进入本学期的期末复习备考阶段，我会以此为契机，继续研究“师友互助”模式下的试卷讲评课，力求让每一堂试卷讲评课都达到五个目标：

纠正错误：纠正学生答题中的各种错误，使学生掌握正确解法。

分析得失：通过试卷讲评引导学生学会学习，培养学生良好的考试习惯。

找出差距：让学生认识自身学习实际与学习能力的差距和自身与他人之间的差距。

提炼概括：对知识、方法作进一步归纳，站到数学思想的高度认识所学内容。

总结方法：总结解题过程中的有效方法，寻找适合自己的最佳学习途径，改善自己的学习方法。

问渠哪得清如许，为有源头活水来。在平时的教学过程中，只要能够把握好试卷讲评这一关键环节，让试卷讲评课成为一潭活水，教学就会达到事半功倍的效果，进而让每一个学生都能真正全面、持续、和谐地发展。

初中信息技术课程教学改良策略

吴成良

作为初中信息技术一线教师，经常会面临一些这样或那样的教学困境。综合多年的教学经验，我认为大体存在以下几种情形：

首先是学情困境。信息技术教师一般所教的班级都较多，少则四五个，多则七八个，如果按一个班五十个学生计算，所教学生在二百到四百人之间。一周两次授课机会，这么多的学生，无疑增加了学情了解难度。对学生的了解有困难，对学情的把握有难度，这是信息技术教师碰到的最大困难。

其次是学科困境。信息技术课程不同于语数英等文化学科，信息技术学习和文化课学习呈现弱关联性。由于信息技术讲的多是技术，更多强调的是操作，所以文化课成绩好，计算机未必用得好。加之信息技术课程的内容，以相对独立的模块编排，模块之间又关联较弱，一个模块学好了，另一个模块又得从头学，这无疑增加了学习的难度。学生受家庭教育、学习驱动等影响表现出的学习兴趣和学习能力差异大，是信息技术教师碰到的又一难题。

最后是课堂管理困境。信息技术课室的设计，一般多为台式机，为了便于摆放，学生一般合排面对面坐，老师的讲台正对学生的侧面。这样的课室安排减弱了教师和学生的交互性。教师如果不巡堂的话很难及时了解学生在做什么。学生之间的交互方便，但干扰也容易发生，这无疑增加了课堂管理的难度。一个缺乏良好课堂管理的课堂，教学效果是极难保障的。

面对如此困境，如何才能对学生施加有效的教育影响并达到更好的教学效果呢？我认为，立足学情调整课堂教学是关键，利用学习风格来类化学生的思维是把握学情的有效措施。

一、学习风格的研究和发展

搜索百度对学习风格的定义，可得这样的解释：“学习风格是指人们在学习时所具有的或偏爱的方式，换句话说，就是学习者在研究和解决其学习任务时，所表现出来的具有个人特色的方式。”

近年来，国内诸多学者对学习风格问题进行了相关研究。早在2006年，安徽师范大学邢彩霞就发表了《中学生学习风格及其与学业成绩的相关研究》一文，其研究结果表明：中学生学习风格的类型分布呈现出一定的倾向性特征。后来，上海市子长学校李长才对初中生学习风格做了专门的调查研究，依据逸思EAS（中国）教育咨询机构提供的知觉感官、表达方式、社交偏好、学习时段四个指标展开，并将调查研究结果写成了《初中生学习风格的调查研究》一文。

学习可以带给人改变。我曾一度像对待其他科目的学习一样，根据文化成绩来分析学情，作为组织教学的依据，结果由于对学情的把握偏差大，导致教学效果很不理想。于是，我试着寻找别的方法，通过比较发现，采用以学生学习风格来区分类化学生的方法更方便、更真实也更简单。对学习风格的研究帮助我改变了通过学习成绩来了解学情的简单做法。随着学习的深入，学习风格类型化思维建立起来，我也渐渐能将之运用于教学和课堂。

二、如何提高信息技术课程的教学效果

不同的学生有不同的学习风格。针对不同学习风格的学生采用不同的教育教学策略，可以避免学生由于教师的教育教学方法不合胃口而沦为学困生的现象，还能充分调动学生学习的积极性，实现愉快学习和成功学习。

（一）根据学生学习风格适当调整座位

刚参加工作时，我在安排学生座位时尝试过多种方式，如班级原小组座位、学号座位、自由组合座位等，但效果都非常不理想。

班级原小组座位方式可能适合文化课学习，但未必适合信息技术学习。学号座位方式存在较大的随机性，因为学号往往是按学生的学籍号、姓名或是入校考试文化科成绩总分排序生成的，显然不科学。自由组合方式往往容易把“情投意合”的学生分到一块，容易发生争吵和打闹，影响课堂纪律，而且内控型的学生各干各的，外控型的学生容易被孤立。

于是，我开始逐步改进。把动觉型的学生分开，纪律明显好些，管理起来容易得多。听觉型的学生，尽量安排得靠前些。视觉型的学生，我有意安排学习能力强的学生在其旁边，便于从旁观摩学习。这样的座位安排不仅使课堂有序，而且使教学效果也提升很大。

后来，我又做了一些改进，将不同类型的学生进行组合，开展小组学习：结

伴型学生尽量发挥其组织学习的优势；内控型学生，鼓励担任组长，提高其沟通能力，避免学习上的孤立；外控型的学生不要落单，帮助建立学习依赖的对象；动觉型学生，多给一些演示表现的机会，往往让其代表小组呈现学习成果。这样安排后，我发现学生们能从中领会不同学习风格的差别和优点，促进了相互之间的取长补短，增强了团队合作意识。

（二）设计多元教学资源

信息技术课程为整合文字、图表、演示、视频、声音等提供了技术支持。图表、演示、视频可以满足视觉型学生的学习需求。我们可以利用技术优势来改善课堂，不要只是简单地把一些知识和技能教给学生。

比如，在“Flash 动画制作”单元的按钮知识学习时，我有意在按钮中加入了声音特效，又在教学环节中插入旨在吸引动觉型学生的现场演示，再由听觉型学生点评，产生了非常好的教学效果：听觉型学生不会麻木，对课堂产生浓厚的兴致；动觉型学生不会感觉无聊，显得非常兴奋，整个课堂教学尽量多地满足了不同学习风格的学生。

又比如，在“IP 地址和域名”一课的学习中，由于课程理论性较强，容易使学生感到枯燥无味，教学设计时，我在网上找来一个“笔记本电脑被盗后又被神奇找回”的新闻资源，还自己用 Flash 制作了“DHCP 动态申请”“用 IP 地址和域名访问网络”等演示动画资源，充分考虑了多种学习风格类型的学生的情况，收到了非常好的教学效果。

多元的教学资源是为了满足不同风格学生的不同需要，同时也是为了满足所有学生口味变换的整体需要。我们在设计课程资源时，可以采用组合再生的方法，在逐渐累积的过程中，教学资源就会多起来。

（三）灵活变换教学活动，有针对性地分配学习任务

初中阶段的学习特点是以课堂学习为主要的学习方式。成熟的教师一般都会有自己的教学风格，但如果教师在课堂教学中过多强调自己的执教风格，就很可能满足不了不同风格学生的学习需求。在整个学习过程中，教师的教学风格必须灵活变换，使之与学生的学习风格相匹配，才能取得比较好的教学效果。特别是在不同的班级，由于学生学习风格类型的组成结构不同，教师教学风格更应灵活变换，千万不要认为同一节课的内容在某个班教学效果好在另一个班用同样的教法就一定也好。

信息技术课要避免成为唯视觉的课堂，要尽量多设计一些有益于激活学习兴趣的教学活动，将小组讨论、竞赛、实验、阅读、抢答、辩论、角色扮演安排进课堂，还要有针对性地分配学习任务，尽量使所有学生都能投入学习中。例如，在“计算机硬件”一课的学习中，有的教师可能会直接从网上下载一个硬件安装视频给学生看一整节课。这种方式对教师而言的确是非常省事，但对学生来说是很不负责任的。学生看视频时还有点印象，但由于平时也很少去实践，缺乏参与以及知识巩固，很快就忘得一干二净了。我一般会设计更多的环节，拿一些常用的电脑配件作为教具，甚至搬一台电脑过来给学生实操，还安排学生上网收集硬件配置信息，了解硬件性能等并制作成 PPT 或网页。

平时，我们讲话讲得久了、多了，视觉性学生就会表现出不耐烦，动觉型学生就会坐不住。用什么方式都能实现学习，关键在于能不能调动学生学习的热情，而要调动热情就必须满足学生的感觉偏好。

三、以创造性教育教学手段来带动学生创造性学习

什么是创造性教育呢？“创造性教育是指创造性学校中由创造性教师通过创造性的教育教学方法而培养学生的创造性素质的过程。”从定义中可以发现，学生的创造力培养与学校校长、教师和学生自身紧密关联，且教师的教育教学尤为关键。不少教师平时被烦琐的管理和教学所困，自己的创造力都被抑制和消磨，这对学生的创造力培养是很不利。

怎样的学习才具有创造性呢？“创造性学习具有如下几个特点：强调学习者的主体性；提倡学会学习，重视学习策略；创造性学习者擅长新奇、灵活而且高效的学习方法；来自创造性活动的学习动机，追求创造性学习目标。”

我主张信息技术教师以自己创造性的教育教学来带动学生进行创造性学习。这几年，我校从实践出发，开设了动漫课程和实体机器人课程，设置了动漫教育普及课室、动漫创作工作室、机器人普及课室和机器人创新工作室。以对学生进行普及教育为基础，并善于发现创新小苗，让他们和教师共同组成创新团队。这种以课程开发切入的创新教育、教师和学生共同参与创作的创造性教学，对培养学生信息技术意识、提高信息技术能力、分享创造性学习方法、激活创造性活力产生了很好的推动作用。

充分利用学习风格来类型化学生的思维并以之把握学情，对学生施加有效教育，并以创造性教育教学手段来带动学生进行创造性学习，这就是我提倡的初中信息技术课程教学改良策略。我校信息技术教育教学改良实践虽已小有成效，但后续的探索与实践仍将继续。

初中英语写作教学中实施小组合作学习

洪燕萍

一、新课程对英语写作教学的要求

教育部制定的《英语课程标准》对初中生的英语写作做了明确的规定：三级写作目标要求能参照范例，写出简单的问候卡或短文，能根据图片编写简短故事；四级写作目标要求能写出简短的指令、简单的信件和简单的日志；五级写作目标要求能独立起草简单的报告、短信、短文等，能简单描述人物或事件。

二、目前初中英语写作教学的现状

1. 许多教师对写作教学重视不足

新课程教材在重视"听说"训练的同时，对"读写"的内容安排也增加了，而且有相应的指导。但很多教师在教学中疲于赶进度，无暇顾及写作这一费时费力的教学活动，常常把教学重点放在语言知识和语法知识方面，缺乏对学生英语写作兴趣的培养，缺乏英语写作知识的指导和训练，致使许多学生的书面表达能力达不到中学教学大纲的要求，与新课程标准的要求差距更大。

2. 教师对于写作教学的策略守旧单一

传统英语写作教学的模式往往是"给出题目，提出要求，稍微讲解，然后让学生在课内或课外规定的时间内完成一篇作文，最后上交给老师批改"。这种教学模式导致学生缺乏写作的热情和主动性，同时使老师批改任务繁重，形成了"学生听到写作心烦，教师见到写作头痛"的现象；更有的老师仅仅让学生背诵一些英语范文以代替写作教学。

3. 初中学生的写作能力普遍都比较薄弱

初中学生的英语写作能力普遍较低，平时缺乏写作思维的培养，缺乏书面表达能力的系统和有效的训练。那么，在新课程下如何有效地进行英语写作教学，如何科学有效地培养学生的写作技巧和能力已成为初中英语教学活动中亟待解决的问题。

三、小组合作学习在英语写作课中应用的可行性

第一，从学生的角度看，人本主义教育观强调培养完整的人，不仅是培养认知技能，更要帮助学生发展个性、开发潜能，要重视学生的心理发展和语言情感的养成等。

小组合作学习中的学生不再是配合教师上课的配角，而是具有主观能动性的“人”。他们带着自己的知识、经验、思考、灵感等参与课堂小组合作学习，调动组内同学的积极情绪，并从小组合作学习中体现自我意识、自我尊重和自我评估，同时减少学习的焦虑，小组合作学习给学生创造了一种归属感。

第二，从新课程的角度看，新课程强调的不仅是学习的结果，更是学习的过程。建构主义学习理论认为：学习过程是积极地建构知识的过程，学生在教学情境中并不是被动地接受或服从，而是在已有经验的基础上，对来自外部的教学影响的主动建构。

小组合作学习能强化学习过程中合作、探究、重新建构的行为。在学习过程中组内成员能体验到、思考到、领悟到课程的内容和意义，但每个人的理解是不一样的，同学们各抒己见，取长补短，智慧共享，使小组合作学习的过程成为课程意义不断建构与提升的过程。

第三，从教学的角度看，新课程强调教学是教与学交往、互动的过程，而不是教师教、学生接受的简单过程。主体教育理论认为，学生是教学活动中的主体，教师是为学生服务的，要从学生的实际出发，摒弃“满堂灌”和“教师垄断包办”的教学方式，大胆启发学生自主、自觉、高效地学习，并认为教学是一个交往、互动的过程，而互动形式是多样化的，有师生互动、生生互动、个体与群体的互动等。

小组合作学习是一种以学生为主体的互动性教学活动。通过师生互动、生生互动，给学生主动学习的机会，给学生发表自己见解的平台，发掘学生身上潜在的学习能力和创造力，真正体现学生自主学习及其主体地位，将课堂还给学生，从而焕发出生命活力。

四、小组合作学习在英语写作课中的实践

《英语课程标准》要求：“把英语教学与情感教育有机地结合起来，促使学生互相学习、互相帮助，体验集体荣誉感和成就感，发展合作精神。”章兼中教

授也提出应“大力发展相互协作、合作的小组活动”。

（一）写作课堂中小组合作学习的准备

1. 组建合作小组

我按照“组内异质，组间同质”的原则，按四人一组将班级学生分成约 12 个合作小组，并尽量争取每个小组由成绩好的学生、成绩较好的学生、成绩一般的学生、学习有困难的学生共同组成。每组的学生不仅自己要学好课堂上教师教的内容，还有义务帮助同组的其他成员搞好学习。他们还需制定小组的共同目标，以达到共同提高的目的。教师则积极鼓励各组间展开公平竞争，以促使学生更加积极地投入合作学习活动之中。

教师在上英语写作训练课时，让学生按照组建好的合作学习小组就座，并且要决定小组成员的角色分配，说明每个组员的责任，解释小组合作的活动规则，建构合作小组成员间积极互赖关系；同时要布置明确的教学任务，安排具体的活动内容，交代小组合作写作训练的目标要求和评价标准，阐明所期望的课堂上的学生行为，使小组合作写作训练教学更加高效。

2. 明确小组合作学习英语写作课程的评价标准

《英语课程标准》指出：评价是英语课程的重要组成部分，科学的评价体系是实现课程目标的重要保证。英语课程的评价应根据课程标准的目标和要求，实施对教学全过程和结果的有效监控。通过评价，学生在英语课程的学习过程中不断体验进步与成功，认识自我，建立自信，促进语言综合运用能力的发展，使教师获取英语教学的反馈信息，对自己的教学行为进行反思和调整，从而不断提高教学水平。因而，教师要定期评估合作小组的写作过程实现情况，以及每个组员在写作过程中的贡献情况和努力程度。具体评价表如下：

表 1　小组合作学习英语写作活动评改表

小组	组员	合作态度			写作互改							总分	
		倾听	发言	协作	审题	词组	句型	时态	其他	批改正确	批改效果	个人	小组

以上表中“合作态度”和“写作互改”共十个项目，每项十分，个人满分一百分，全组总分是四人得分的总和。班内各组进行竞赛，得分最高的组为优胜

组，教师给优胜组的组员发表扬信并给予德育加分和期末总评加分等一系列奖励。

如果没有合理的评价手段，合作学习小组容易因缺乏目标性的讨论、研究和交流而导致在合作时无所事事，浪费时间。所以，评价的设计应在“人人都有贡献，人人都有进步”的理念指导下，采取个人计算成绩，小组合计总分的方式对学生进行全面、全程的评价。小组每个成员都必须依靠自己的努力，完成自己承担的任务，而个人的成绩又会成为小组总分，然后进行组与组之间的比较。因此，每个人都要既努力又互相帮助，共同进步，才能在小组比赛中领先。通过这种评价，不仅能有效地促进小组成员间的交流、合作，还能促进小组成员共同进步，提高合作小组的凝聚力。

(二) 小组合作学习在英语写作课中的实施

“写作不能仅仅理解成个人的行为，因此在教学中不宜总是采取学生单独写出作文来让教师批改的模式，而应该提倡学生开展两人或数人小组活动，通过讨论合作完成写作。”（刘道义，2000）小组合作学习在初中英语写作教学中应用的基本程序如下：

小组审题/说题—个人独立起草—个人自改—组内互改—小组反馈评价—小组成果展示—教师总结。

1. 通过小组审题/说题找出写作思路

四人合作学习小组根据写作任务，积极开展小组讨论，进行头脑风暴式训练，表达见解，启发思维。然后，在被激活的想法中选择有意义、有效的内容进行写作。

教师在这个阶段的任务是要及时发现有创意的一些合作小组，让全班同学能分享他们的想法和见解，并从中得到启发。同时，教师要紧扣“小组合作学习英语写作活动评改表”组织小组活动，确保同学们的小组讨论是有效的。

例1：在要求同学们写出自己在国庆节期间的各类活动“花费”的文章时，教师先要求各组学生开展头脑风暴活动，并从词、短语到句子，尽可能多地写出来，如：

（1）We spent two days in visiting DanXia Mountain.

（2）The ticket costs me 125 yuan.

（3）The clothes cost us 50 yuan.

（4）It took us two hours to visit the museum.

（5）…

学生们能自由地思考，从而产生很多新的观点和解决问题的方法，同时在他人提出的观点上建立新观点。

例2：在要求同学们写一段在某地的所见、所听、所闻和一些感受的语句时，我要求同学们小组合作学习的讨论要先易后难，遵循词—短语—句子—语篇的梯度，循序渐进。

表2 What you see，What you hear，What you smell…

	In the street	In the garden	In the restaurant	In the…	How do you like…?
I can see					
I can hear					
I can smell					

提供小组活动交流的句型和表达用语：

What can you see/hear/smell in the street/the garden/the restaurant?

I can see …；There is/are …

I can hear …；The sound of …is beautiful/awful；It sounds beautiful/awful.

I can smell …；The smell of …is wonderful/terrible.

It smells wonderful/terrible.

What do you think of …/How do you like …？Why do you like/dislike …?

I like/enjoy …，because …；I dislike/hate …，because …

2. 组内自改互改，提高写作能力（个人独立起草—个人自改—组内互改）

学生个人独立起草和个人自改后，利用“小组合作学习英语写作活动评改表”，让四人合作学习小组互相找错、互相批改，学生从中增强了写作的积极性，互相学习，提高了写作能力，同时也弥补了教师不能人人面批的不足。

教师在这个阶段的任务，仍然是紧扣“小组合作学习英语写作活动评改表”，给学生个人和小组提供指导和帮助，调控学生完成个人—小组—个人的过程，而且是在有效的状态下进行。

例3：我在一次看图写作课教学中，要求同学们描述图中6个消防队员灭火救人的场景。

同学们完成后，合作学习小组互相改错，并派出一人，把他们组员写作中出现的典型错误及时在课堂上用自己的语言进行讲评，把错句写在黑板上并修改，反馈给全班同学，引以为戒，全班同学都要动脑筋辨别出其讲评是否正确，从中得出启发和警示，从而提高写作水平和写作技巧，如：

（1）The fireman was climb up the ladder.

删去 was climb，改为 climbed。

（2）The A and B fireman was jumped out the fire engine.

删去 fireman was，改为 firemen。

（3）There had much stick smoke.

删去 had，改为 was；删去 stick，改为 thick。

（4）There were two more fire engines drove down there.

删去 drove，改为 to drive。

（5）The blind man heard the fire alarm went off.

删去 went off。

（6）They waved and barked loudly.

改为 The blind man waved and the dog barked loudly.

同学们看见自己写的错句，往往会哄堂大笑，经过讨论修改，印象就会特别深刻。

3．小组反馈展示，分享进步（小组反馈评价，小组成果展示）

小组成员在自改和互改后，要反馈评价意见，尽可能做到有依据、有标准。

表3　小组反馈评价表

评改内容		个人修改	小组评改建议	教师评改
审题	写作要点			
	文体格式			
	合理布局			
遣词造句	单词			
	词组			
	句型			
语法	主谓一致			
	人称一致			
	时态			
	语态			
	连/代词			
	标点			
	大小写			
	其他			

教师可运用“小组合作学习英语写作活动评改表”，监控和及时干预每个合作学习小组，评估学生完成写作任务的质量和数量，保证小组的学习效果。

小组把写得最好的、最满意的文章读出来，同学们通过“小组合作学习英语写作活动评改表”，分析文章好在哪里，其他同学能从中学到什么。被推荐出来读的同学很有自豪感，这时同学们学习写作的热情十分高涨。教师让学生制订一个提高英语写作水平的小组计划，鼓励达成目标的合作学习小组。

4. 教师总结归纳，保证学生互改的准确性

由于学生水平的限制，在知识的讲解、分析过程中难免会有疏漏和错误，因此教师应及时进行归纳、评析，澄清错误观念。同时，教师在这一阶段提供范文给学生模仿，并要求学生对现有作品做第二次的修改成文。

通过教师有目的的训练、对问题的总结归纳及学生对范文的模仿练习等，英语写作课堂的教学更有效，学生的写作水平也能更快地提高。

（三）小组合作学习法的教学效果

小组合作学习法在英语课堂上促使学生思想活跃、大胆发言，互相启发、激发想象，大大地调动了学生尝试写作的热情，同时班级整体的英语成绩也有显著提高。自开展小组合作学习活动以来，同学之间互相帮助、共同提高、共同进步，既营造了良好的小组合作学习氛围，又增强了全班的凝聚力和竞争力，学生们逐渐形成了积极向上的合作意识并提高了合作技巧。

五、实施小组合作学习应遵循的原则

1. 遵循学生主体性原则，开展小组合作学习

教师要牢固树立学生主体观，课堂教学应重视学生的需求，教学设计、实施和评价等课堂教学活动都要为学生创设条件，设计好学生的主体活动。

教师要深入各小组引导学生开展组内活动，让每个组员承担自己的职责，充分发挥学生的主体精神和主体能力，从而促进学生变“要我学”为“我要学”。

2. 结合写作的真实性和应用性原则，创设情景，开展小组合作学习

小组合作学习的活动设计要从学生的生活经验和兴趣出发，内容和方式都应尽可能具有真实性；活动要有利于学生学习英语知识，发展语言技能，从而提高实际语言应用能力。

3. 结合多种形式的评价原则，开展小组合作学习

苏霍姆林斯基曾说：“只有当教育建立在信任孩子的基础上时，才会成为一

种现实力量。”我们要学会欣赏学生在学习过程中的点滴进步，宽容地对待学生在学习过程中出现的种种不足，多采用鼓励性评价和期望性评价，使他们更自信，更积极。教师面对不同水平的学生，要充分发现学生个人的优势，在教学过程中灵活机动地采用分层次评价和过程性评价，如制作一张写作活动评价表，从审题、词组、句型、时态、格式、段落等多方面检验小组学习写作的效果，客观地对合作学习过程进行评价，让学生看到自己的进步，从而增加自信心。

小组合作学习是学习知识的动态过程，教师应尽可能地在活动中设计反馈表和评价表，以指导和监控每一个环节中学生的活动内容、完成的质量等，并及时给予评价和反馈，使每节课的小组合作学习都具有针对性，获得更好的效果。

六、结束语

实践证明，在写作教学中采用小组合作学习的方式能够促进学生写作能力的提高。学生通过课堂英语写作学习与小组合作学习活动，提高了写作的积极性，从原来害怕写作到现在乐于写作。通过互相讨论、互相改错、互相展示的自主、合作学习方式，同学们逐步掌握了写作技能，语言综合运用能力有了质的飞跃，整体英语成绩也有较大的进步，为今后继续学习英语打下了较为坚实的基础。同时，随着新课程教学改革的不断进步，我们对教学方法的研究和实践也应与时俱进，不断学习和运用新的教学理念和方法，将新课程的内涵和外延作进一步的挖掘和拓展。

第二课堂因“和而不同”更出彩

谢 萍

一、“和而不同”引领第二课堂

《国家中长期教育改革与发展规划纲要（2010—2020年）》提出了“特色化办学”“个性化育人”的要求，这既是世界范围内基础教育发展的潮流，也是我国未来基础教育发展的风向标。在这一时代背景下，代表顺峰中学特色办学的“和美教育”“和而不同”，成为我校建设与发展的重要主题。当前开设的第二课堂也对“和而不同”的学校文化做了具体的实践、探索和研究。

何为“和而不同”?“和而不同”语出《论语》:“君子和而不同，小人同而不和。”“原意是君子可以与人和睦相处，但不人云亦云，盲目附和；小人则没有自己独立的见解，只求与别人完全一致，但他与别人不能具备融洽友好的关系。”（黄淑娉、龚佩华，1998）。历经2 500多年的时光更迭，“君子和而不同”的理念阐述着“和谐”的实质，在追求和谐的过程中，不追求“同化”，而体现个性。何为第二课堂?《当代新词语大辞典》（1992）中解释为：第二课堂，亦称第二渠道，是针对课堂教学而言，指在课堂教学以外的时间，学生在教师或家长指导下所进行的旨在加深基础知识，扩大知识领域，开阔视野，发展科技、文体、艺术等方面的兴趣和才能，培养独立工作能力和创造能力，提高思想品德水平的一切教育活动。下面从第二课堂的门类和内容，以及对学生和教师两方面的作用作分析，论证第二课堂践行学校“和而美”“和而不同”教育理念的意义体现。

二、“和而不同”的第二课堂

学校的第二课堂以国家课程校本化、校本课程特色化为指导思想，突出“和而不同”的教育理念和宗旨。根据学生的需要和现有的教师师资、设备开设三大版块：人文社科、自然科技、综合实践活动。第二课堂选修活动主要以备课组、级组活动为形式。由教师组织课程供学生选修，学生根据自己的兴趣和水平自由选择参加。每个课堂都应先填好“顺峰中学校本课程选修申报表”，确定课程目标、内容提纲、教学方式、评价方式、课程安排等。课程会在每周四的固定时间开展，每个学生也都持有第二课堂积分卡。以下就具体的实例分析第二课堂“和而不同”的体现。

1. 与人文社科同在

人文素质是人文精神或者文化素质，主要是进行文、史、哲和传统文化方面的教育以及与此相关的艺术教育。在第二课堂中，我们“和而不同”的领域包括政史天地、语文广角、外语长廊、心理世界、艺术与审美等，这个领域的主要目标是培养具有传统人文素养的人才。作为新世纪的校园文化主体的师生不满足单调的语文、数学、英语、政治、地理、生物、美术等在低水平上的机械重复，对其更充满高品位、高境界的渴望。顺峰教师凭借自身掌握的学科知识，在专业教育教学和第二课堂活动开展中，总不失时机地践行“和美教育”，使得教研、教学以及“和美”文化融于一体。比如：语文学科的第二课堂包含读诗与为人、古文古诗欣赏、中国新诗讲座、诗歌赏析、英美诗歌鉴赏、英美影视作品欣赏、朗诵与表演、外国文学赏析、汉字趣谈、成语漫谈、演讲技巧等内容；外语学科包含英语初级交际用语、英语中级口语、初级日语等。特别是“英文影视话剧欣赏”课，我们确立了具体的课程目标：①了解经典影视、话剧片断并配音、模仿；②能分角色表演影视、话剧片断；③能演唱影视、话剧中的英文歌曲。课堂上具体的讲授内容包括日常用语、基础知识、风土人情、文化等。同时，也有明确的教学方式如课堂讲授、听说日常交际、视频教育等。

2. 与自然科技同在

“和而不同”的第二课堂在自然学科方面充分体现学科的特点，主要有以下四个领域：①数理化运用，包括生活中的化学、数学史讲座、数学建模、物理趣味实验、物理建模、近现代物理讲座、理化生实验观察能力培养、理化生实验创新设计、理科综合能力训练等；②我与科学同行，包括世界著名科学家介绍、最新科技成果介绍、信息学常识等；③天文地理，包括天文常识、天体观察、自然地理综合知识、地理景观鉴赏、环保知识等；④生物园地，包括生物标本制作，植物杂交，校园植物介绍、栽培与管理等。

3. 与综合实践活动同在

综合实践活动是初中生第二课堂活动不可或缺的组成部分，它必须成为贯彻学校教育理念，培养初中生能动性、自主性、参与性、合作性、超越性的实践活动基础；成为学生开发潜能、展示自我的舞台；同时也应成为创办特色学校的有效载体。

我校实践领域学习内容种类很多，“和而不同”的校园文化充分繁荣，主要包括：①走出课堂，包括社会调查、夏（冬）令营、敬老院送温暖、青年志愿者服务、地质地貌考察等；②小小制作家，内容有科技小发明、科技（电子）制作、无线电装机、竹木器制作、航模制作、车模制作、服装裁剪设计等；③娱乐与休闲，包括形体训练（健身操）、球类训练、球类爱好者辅导、桥牌基础、合唱、声乐、钢琴、舞蹈队训练、英语短剧表演、国际舞基础、打击乐队训练、工艺美术、书法篆刻基础技法、酒店旅游管理、盆栽花卉等。到目前为止，实践学习课程学生参与面很广，充分实现各领域之间的教育整合协同，实现教育的融入。

三、第二课堂“和而不同”的意义

“和而美”“和而不同”是我校第二课堂的支撑理念，更是我们第二课堂开发和建设永远不懈的追求。第二课堂的课程为学生提供了适宜的土壤，让每一个学生、每一类学生的潜力都能得到充分发挥；同时，它也为教师提供了一片专业发展的沃土，促使教师成为课程开发的创造者。

（一）学生享受个性发展的土壤

1. 激发学习兴趣

“兴趣是最好的老师”，第二课堂在整合第一课堂知识的前提下，拓展相关内容，让孩子“在快乐中学习，在学习中快乐”。如数理化运用，包括生活中的化学、数学史讲座、数学建模、物理趣味实验等。这些第二课堂内容拓展了化学、数学与物理学科的知识，进一步完善知识结构，最大限度地运用知识，更好地将已经学到的知识融会贯通。又如外语第二课堂的法语和日语班，拓展了学生的视野，使其感受不同语言带来的美，把“枯燥无味”的语言学活，激发学习兴趣，从而想方设法学好英语。

2. 提高综合素质

在第二课堂中，丰富的实践学习能够锻炼学生的动手能力、适应社会能力和创新能力，如外国文学赏析、汉字趣谈，球类爱好者辅导，打击乐队训练、工艺美术、书法篆刻基础技法等，第二课堂的实施不但打造了学校“和美”品牌，而且使我校学生的文学水平与绘画水平都得到了提高。学生的作文多次在各级比赛中获奖，学生书画作品也多次在全国省、市、区比赛中获奖。学生参加区内的球类比赛也获得可喜的成绩。这无形中提高了学生的整体素质，使其德智体美劳全面发展。

3. “和美”学生的人格

初中教育是以基础教育为前提的素质教育，注重品德、身心、能力等健全的心智，注重对学生人格的塑造。在第二课堂活动中，各种不同性格的学生聚集在一起，也带来各种不同性格的摩擦、融合，促使学生学会交流沟通。如敬老院送温暖、青年志愿者服务活动等促使孩子在活动中体验，学会关心他人，帮助有困难的人，热爱生活、热爱学习。又如环保知识、地质地貌考察这些学习能激活学生关爱地球、节约能量的思想。

（二）教师享受专业成长的沃土

第二课堂的开发是新生的事物，所以教师们都站在同一战线，共同研究上课的方式和内容，这就达成我们的“和谐”发展，为此我们共同学习、研究，材料积累中又达成不同程度的个性发展。

1. 让教师成为课程开发的创造者

第二课堂活动是课堂教学的延伸，也是各科教学的有机组成部分。它的实践意义就是需要教师改变传统的教学模式，达到教学方法、教学手段的创新，更是达到课程本身的创新。（吕达、张廷凯，2000）教师需要精选活动内容、设计活动形式，以合作、竞争等多种手段来丰富第二课堂，提高效率。例如，通过调查我们发现，许多学生甚至教师都会忽视日历中的数学问题以及一些游戏如“24 点”中的教学知识，教师确定课程题材、选择课程素材、掌握课程策略，在不知不觉中，教师的课程和教学创造能力也会得到提高。

2. 为教师的个性发展提供空间

第二课堂开发不仅关注学生的兴趣和需要，也关注教师的兴趣、特长和自身发展的需要，尽善尽美地施展教师的能力和特长，创设民主、和谐、宽松的氛围，以实现“认认真真工作，痛痛快快休息，和和美美生活”的教师人生。如黄艳英老师“妙手生花”的第二课堂，是教师心灵手巧的体现；曹庆玲老师和邹枫林老师别具一格的法语和日语课程的开设，是教师多才多艺的体现；刘运星老师和李仕铭老师“观鸟社”的开设，是教师足智多谋的体现。

四、践行“和而不同”教育任重道远

校本教材的开发实施为学校“和美”特色发展，体现办学目标，起到了积极的促进作用。但在实施过程中我们也有以下的困惑：①现有的第二课堂，远远满足不了学生的需要，教师能力有待加强，人员压力比较大；②由于任课教师个人素质发展不均衡，还不能使学生以自己的兴趣、爱好选择所喜爱的科目，还存在“紧笼”的现象；③学校现有课程编排受到限制，第二课堂科目与常规市、区要求开齐的科目冲突，没有时间专门安排课程，只能兼开；④第二课堂的开发使现任专业课老师产生了科目负担，有的教师负担五六科的教学任务，备课负担重。

第二课堂因“和而美”“和而不同”而出彩，虽然存在很多的问题，但是这些问题反而不断启迪我们在实践中克服一切困难，边反思、边补充，这个过程不可急功近利。我们在今后的工作中将会继续踏实工作，去积累、去丰富、去完善，为学生的全面发展创造空间。在践行“和而不同”教育的道路上，哪怕风雨兼程，我们将一直坚守、行进！

“和美”文化特色地理教学环境初探

严春花

地理新课程标准理念之一就是改变地理学习方式，在全国各地进行大力度课改的背景下，作为第一线的初中地理教师必须与时俱进，在传统教学的基础上大力度地进行各种高效课堂的尝试。构建具有“和美”文化特色的地理教学环境，教师的任务主要是：给学生提供平台，以学生为主体，充分启发和调动学生参与教学活动的积极性，引导学生自己去研究问题、分析问题、解决问题，以提高学生的认知兴趣和求知欲望，同时教师给予适当的点拨和引导。教师在新课改中发挥自己的作用，逐步引导学生形成创新意识、创新思维，培养学生的创新能力。

一、“和美”文化特色地理教学环境的背景和优势

顺峰教师队伍的每一分子都清楚“活到老，学到老”的重要性，特别是视野拓展、知识更新方面的重要性，所以大多数教师都是学习的有心人。但学生，特别是初中学生在心理和生理上都处于不成熟阶段，他们未必知道学习的重要性。信息化的时代，学生获取知识的渠道是多种多样的，只要学生有心，有一定的学习方法和知识素养，就可以随时随地获取知识。但这样有心学习的学生非常少，大多数学生是利用先进的技术和设备进行游戏、娱乐。这也是当下所有教师的困惑。

在信息化的大环境下，结合我校“和美”教育教学理念，根据初中学生的生理和心理特点，提出构建具有“和美”文化特色的地理教学环境，具有一定的可行性。在“和美”文化特色地理教学环境中，教师最主要的任务是引导学生成为一名有心学习的人，而且是有方法的有心人。这些有心人可以有很多地理学习理念，如“心中有地图”“生活中处处有地理”“学习有用的地理”等。“和美”文化地理环境下的学生，可以了解地理学科对文化的传承和发扬，甚至可以成为文化传承和发扬的执行者。

二、如何构建具有“和美”文化特色的地理教学环境

根据本校的实际情况，构建具有“和美”文化特色的地理教学环境应主要从三个方面进行。

（一）狠抓课堂的文化教育和熏陶

教师教育教学的最主要阵地就是课堂。初中地理学科的最大特点是知识性和趣味性的结合，且当地初中地理没有纳入初三中考的范围，相对来说应试的成分较少。这对初中地理老师来说是一个契机，一个课堂尝试和超越的机会，一个鼓励学生独立思考、培养学生研究和分析能力的机会。以下从课堂导入、新课学习、课堂练习三方面介绍“和美”文化特色地理课堂的构建模式。

1. 课堂导入的精细化和乡土气息化

万事开头难，好的新课导入，可以激发学生的学习兴趣，达到上课伊始趣味即生的境界。能够一上课就紧紧抓住学生，让学生的大脑迅速兴奋起来，以饱满的热情最大限度地发挥主动性，掌握新知识，探求新问题，取得理想的教学效果。地理课程导入的方法有很多，如漫画导入法、儿歌导入法、悬念导入法、谜语导入法等，具有“和美”文化特色的地理导入应在结合上课内容进行导入的同时，更注重学生的实际情况，设计人文化、人性化的导入。

2. 新课学习的自主化和小组合作性共存

新时代是人才竞争的时代，也是合作共赢的时代，所以教师的一大重任就是培养学生个人能力和合作能力的协调发展。构建具有“和美”文化特色的地理课堂，通常分三步走：①学生自主学习；②小组合作探究和学习成果展示；③教师点评和重难点突破。这充分体现了“先学后教”的原则。

3. 课堂反馈练习体现地理的“实用性”，能够学习有用的地理知识

有效教学的评价标准主要在于学生的“学”，而不在教师的“教”。精心设计的“和美”文化特色课堂练习，既能检测学生的学习效果，又能让学生真正体验“学习有用的地理”，还能使不同层次的学生学有所获并将学习的知识运用到生活实践中。

（二）细抓学生的思想，巧施“攻心计”

在抓学生思想的过程中，“和美”文化教育重视赏识教育的力量，重视“润

物细无声”的思想教育，全方位关爱学生身心健康。学生基础差、对学习不感兴趣等不良的表现都有其深层次的原因，如果我们一味地苛责学生或者强迫学生去死记硬背，忽视学生的学习心情和心态，则有可能出现更加严重的厌学后果。针对这种情况，“和美”文化特色的地理教学环境更注重的是帮助学生、鼓励学生、引导学生使用正确的地理学习方法，从而带领学生体验学习地理、收获知识的愉悦。另一方面，还要让地理课堂充满美，古典的、有内涵的美；让地理教师充满美，知识渊博的美，人格魅力的美！让学生真正体验到“和美”“和谐”的美！

（三）开展“和美”文化特色的地理活动

一次成功的活动，可以锻炼学生的组织、协调、沟通能力，成功的地理活动能使学生的表现欲望、探索精神、群体意识得以发展，产生积极向上的情感，懂得科学知识对于自然、社会和人类的意义与价值。在构建“和美”文化特色地理教学环境的过程中，开展与之相适应的地理特色活动：开创学校的“和美定向越野协会”，学生进行野外求生技能的学习，将地理和生活密切联系在一起；学生进行招新活动的宣传和策划，组织社团的招新工作，面试招收新成员，从而锻炼学生的组织能力和策划能力。有特色的第二课堂活动，既充分调动了学生的动手能力，又深化了学生的地理知识，拓展了学生的人文素养方面的知识。

三、对“和美”文化特色的地理教学环境的反思

构建具有“和美”文化特色的地理教学环境的初步探索和尝试，取得了一定的成就，学生乐意学习，师生关系融洽，学生的整体地理素质得到了一定的提高，对非地理学习爱好者甚至厌学学生的态度改变效果也较好。尽管如此，还有很多不足和需要细化、完善的地方。

首先，学生的基础、素质参差不齐，使得“和美”文化特色地理教学环境构建过程面临更多的困难。知识点讲得太深的时候，基础弱的学生理解不了；简单的内容，基础好的学生又满足不了。在自主学习和小组合作探究阶段，部分学习习惯差的学生的自觉性也比较差，不能很好地自主学习，也不可能积极参与小组讨论探究。这些问题出现在“和美”文化的教学环境中，很多时候需要教师花大量的时间和精力去处理，而且必须智慧地去处理。

其次，家长和学生对地理学科的认识不足，不重视地理学习。当今的时代现状不理想，社会方面存在很多的功利主义，教育层面也存在严重的应试教育弊

端。所以，不参加中考的地理学科自然不入学生和家长的法眼，上课不重视，活动参与度不高，直接影响“和美”文化地理教学环境的构建。这也促使在夹缝中生存的初中地理老师寻求出路，改变学生学习方式和教师教学方式，进而改变地理教学环境。

最后，在开展各种活动的过程中，存在较多的设备、技术人员的问题。活动开展过程中很多因素考虑不周到，分工协调不尽合理而导致开展的活动达不到预想效果的现象时有发生。这些都需要在今后的探索中不断地积累经验，不断地完善方案并在实践中逐步改善。

关于初中机器人校本课程开发的思考

冯伟强

一、机器人教育发展的前景

在信息技术教育飞速发展的今天，机器人教育作为融科学性、实践性、教育性为一体的课程正在全国各地蓬勃发展。2000 年，北京市景山学校率先将机器人课程引入校园，效果良好。之后，越来越多有条件的中小学陆续开展不同形式的机器人教学，揭开了国内机器人课程开发的新局面。《国家九年义务教育课程综合实践活动指导纲要》明确了 7 ~ 9 年级信息技术教育的内容及目标是：设计和制作机器人，以机器人为载体，体验并初步学会通过程序设计解决问题的基本过程。2003 年 4 月，教育部颁布的《普通高中技术课程（实验）标准》中，首次在“通用技术”科目中设立了“简易机器人制作”模块。许多发达国家，如美国、英国、法国、德国、日本等，已把机器人教育纳入中小学教育之中。2013 年，世界教育机器人协会发起世界机器人比赛，吸引了国内外众多中小学参与。可见，在中小学开展机器人教育已成为一种趋势。

顺峰中学极其重视科技创新活动，2012 年就开始开展虚拟机器人的创新与竞赛活动。2013 年，学校开始建设机器人创客教育实践基地，同时开展机器人普及教育。笔者作为一线信息技术教师，有幸成为顺德区教育一线机器人团队的一员，自 2012 年开始，一直致力于初中机器人教学实践研究，连续三年辅导学生参加区、省、全国机器人竞赛，以及中国锦标赛和国际邀请赛等比赛，并连续三年摘取 WER 初中组比赛冠军。2015 年，我校学生以绝对的优势，取得了顺德区区赛的冠、亚、季军，广东省省赛冠、亚军，实现区、省比赛三连冠，再次晋级国家赛，并再次取得国际赛参赛资格。近年来，我校机器人教学团队正致力于机器人校本课程的开发，希望能把机器人教育引进初中课堂，使更多学生受益。本文结合我区、校的地方特色，就“如何把机器人教育引进初中课堂，开发机器人校本课程，使更多的学生受益”谈谈自己的思考和建议，希望能为顺德区中小学机器人教育的开展提供借鉴。

二、信息时代的机器人教育

《信息技术新课程标准》指出：中小学信息技术课程的主要任务是培养学生对信息技术的兴趣和意识，让学生了解和掌握信息技术的基本知识和技能，了解信息技术的发展及应用对人类日常生活和科学技术的深刻影响。有专家曾预言：21 世纪人类将全面进入以智能机器人为代表的智能时代。2014 年欧美电影《超能陆战队》上映，将机器人“大白”带进观众视野，以更具体形象的例子向人们诠释了智能机器人在人类未来生活、生产中的重要作用。在现代科学技术与信息技术高度融合的今天，机器人课程的开发，为信息技术教育提供了新的载体，无疑是信息技术教育的趋势。

目前，我国机器人教育主要以竞赛的形式展开。机器人教育融信息技术、机械工程、物理、传感与控制知识为一体，让学生在规定时间内手脑并用解决实际问题，有效地提高了其逻辑思维能力、判断能力、动手能力和创新能力，是实现科技教育、素质教育的重要平台。机器人竞赛主要分为虚拟机器人和实体机器人两大类型。虚拟机器人以计算机模拟环境或设置任务场景，要求学生借助计算机来进行机器人搭建、场地搭建、程序设计，从而完成相应的任务。实体机器人是区别于虚拟机器人的另一种形式，是一种通过电脑编程，在实际场地中可以依靠程序完成一定操作或移动作业的机械装置，它有视觉、听觉、感觉等功能，有识别功能和自主行动的功能。

三、机器人校本课程开发的意义

随着素质教育的推行，各地中小学都纷纷开设了不同形式的校本课程，希望能有效促进学生综合素质的提高。机器人课程是中小学校本课程的新形式，融前瞻性、综合性为一体，可操作性强，意义重大。

1. 机器人课程能锻炼学生的创新思维能力，培养学生的创新精神

创新精神是一个民族进步的动力。虚拟机器人和实体机器人均能让学生在搭建形态各异的机器人、组装各种各样的结构部件、运行功能各异的传感器、连接粗细长短不一的导线、完成难度不一的任务时综合考虑到各个因素之间的搭配组合，让学生在探索、解决问题的过程中极大地锻炼思考、创新、动手实践能力，有效地培养学生的创新精神。以世界教育机器人大赛为例，这是 2013 年由世界教育机器人协会发起，由清华大学 WER 实验室设置比赛规则，旨在通过机器人项目，培养学生的创造力与实践能力，综合利用科学、技术、工程、数学等知识

尝试解决实际生活问题，以及学会组织和管理团队、协同工作的赛事。比赛实行现场命题、现场动手制作。大赛每年的主题不同，2013 年的主题是智能家居，2014 年的主题是史前时代，2015 年的主题是文明起源，能让学生在不同的主题中激发创新思维，提高创新能力，培养创新精神。

2. 机器人课程能有效提高学生的交流沟通能力和团队协作能力

团队协作能力是未来社会最重要的生存能力之一，机器人课程在培训、竞赛过程主要以小组合作或团队合作的形式开展，学生在学习、实践过程中会产生思维的碰撞，必须以交流、讨论、合作的途径去解决问题，能有效提高学生的团队合作能力。

3. 机器人课程能激发学生的求知欲、探索欲、挑战欲，促进大脑开发，提高动手实践能力

机器人课程所设置的任务都有一定难度，综合性强。初中阶段的学生求知欲、探索欲强，渴望通过自身的努力挑战难题。机器人课程正好满足了初中生的这种心理需求，能让他们在动手、动脑的过程中最大限度地激发自身潜力，促进其智力开发，在行动中实现科学技术素养的全面提高。

4. 机器人课程的开发为信息时代的校本课程开发提供了新的借鉴，开拓了新的平台

以往的校本课程大多以音乐、舞蹈、书法、体育运动为主，机器人校本课程可以让学生接触到电子、机械、传感器、计算机软/硬件、人工智能、多媒体技术等多个领域，激发学生探索世界的欲望。因此，机器人课程的开发是适应现代科技发展，提高学生综合素质的极具科技前沿性的课程。

四、机器人校本课程开发的策略与建议

1. 加强机器人师资队伍建设

机器人教育融科学性、实践性、教育性、趣味性于一体，教学过程中思维转换、动手实践要求高，要求教师必须有过硬的专业素质和综合素质。地方、学校可提供有利条件使教师得到研修、培训、交流的机会，促使教师在实践中提高机器人专业素养。例如，可以举办规模不一的机器人交流活动，借助微信等网络平台加强各校机器人团队之间的交流，为机器人教学课程的开发奠定坚实的基础。

2. 积极组建校内机器人学生团队，组织学生参加各种级别的竞赛交流活动

可与相应的生源地取得联系，在入学之初挑选一批逻辑思维能力强、动手能力强、反应灵敏、数学成绩拔尖的学生进行专业化培训。通过团队内部 PK、校外 PK 等形式不断优化团队组建，提高团队整体素质。例如，我校自 2012 年开

始，每年会挑选一小部分素质高的学生利用课余时间由专业的机器人教师团队进行培训，积极参加区、省、全国的高水平比赛，让学生在与各地的顶尖高手的较量中更好地提升自己。凭借扎实的基础、过硬的动手实践能力、出色的创新能力和团结协作能力，我校学生屡次在大型比赛中摘得桂冠，充分证明了日常团队培训与竞赛交流的重要性。

3. 创建机器人实验室，开拓机器人培训基地

学校可以利用条件创建机器人实验室和培训基地，为师生提供切实可靠的场地环境。例如，我校从 2013 年开始建设机器人创客教育实践基地，购买足够的机器设备，为我校机器人团队的训练提供了有力的保障。

4. 开展机器人综合实践课或第二课堂活动，自主研发课程教材

当机器人素质达到一定的水平后，机器人课程可通过以师带友的形式面向全体学生，以优选选拔的形式精选全校素质高的学生优先学习这门课程，再以点带面，逐步扩大，最终实现机器人课程的普及。机器人教师团队在日常教育教学过程中要重视机器人教学经验的总结、积累，注意教学素材的整理，对有效的资源进行整合、编辑，形成一套有效、实用的课程教材。

5. 通过各种平台加大机器人课程宣传力度，让更多的社会力量、家长、学生参与进来

机器人教育只在部分学生、家长中推广，为了让更多有资质的学生受益，地方、学校可以通过讲座、现场活动展示等形式扩大宣传。2013 年 9 月 19 日至 20 日，我校机器人团队成功举办第一届风城文化节之机器人展示与体验活动，吸引了许多学生、家长前来观摩。2014 年第二届风城文化节上，我校机器人现场表演更是博得满堂喝彩。2013 年，我校机器人团队在 2013 届毕业典礼上再次展现机器人的魅力，激发了越来越多学生及家长对机器人的兴趣。

观鸟观自然，我们携手同行

——记顺峰中学观鸟社

刘运星

图 1　顺峰中学观鸟社

顺峰中学观鸟社成立于 2012 年 3 月，是由生物科组原来开设的第二课堂升级成的学校特色社团。观鸟社坚持面向学生、社会，有效开展观鸟实践活动，创设环保教育实践基地，开展生态调查等，以践行人与自然和谐、和平共享的理念。

顺峰中学观鸟社成立至今，有效组织了校园、顺峰山公园等本地观鸟活动，还开展了中山大学、华南植物园、南沙湿地以及辽宁省盘锦市等异地观鸟活动，还参加了广东省观鸟交流会。2013 年 5 月，创立顺峰山公园观鸟实践基地，并在顺峰山公园举办了“自然、人、和谐、共享”的大型主题活动。羊城晚报、珠江商报、顺德电视台、搜狐传媒等多家媒体对这一活动进行了专题报道和转载报道。2014 年 6 月，创立顺德伦教鸡洲观鸟社会实践基地。2015 年 6 月 5 日，伦教鸡洲观鸟社会实践基地在顺德华侨城的支持下升级为“鹭园”，广东卫视《凡人大爱》专门介绍了该基地和“顺德鸟叔”冼铨辉，《珠江商报》作了专题报道。广西电视台纪录片《美丽西江》选景鸡洲观鸟基地作为拍摄地，广州电视台《城市话题》节目作了专题采访和报道。通过观鸟实践活动，普及了鸟类知识，宣传了爱鸟、护鸟的环保理念。

课程设置分为：观鸟基础知识、观鸟常用装备及使用、常见鸟类的形态识别、网上观鸟、户外观鸟实践、观鸟记录、观鸟心得分享等。

一、成立顺峰中学观鸟社

顺峰中学观鸟小组原来是学校生物学科的一门第二课堂课程，后来通过招募对生物、自然有浓厚兴趣的同学组建观鸟社，利用每周一节的第二课堂时间，学习观鸟的基础知识和观鸟的基本技能，并到顺峰山公园开展户外观鸟。我们的观鸟行动由此开始。

图2　活动交流

在顺峰山公园，我们看到了白头鹎、白鹡鸰、白喉红臀鹎、鹊鸲、暗绿眼，还看到了不常见的红嘴蓝鹊、环颈雉、灰喜鹊，还有一些尚不知名的飞鸟。鹭园常见的鸟类有大白鹭、中白鹭、小白鹭、苍鹭、池鹭、褐色翅鸦鹃、珠颈斑鸠、丝光椋鸟、乌鸫等。

为了开阔视野，加强交流，我们还走出顺德，远足到中山大学校园、华南植物园、南海湿地观鸟，还到东莞参加广东省观鸟活动交流，甚至到辽宁盘锦参加观鸟交流。

二、校企合作，创立观鸟基地

为了更好地扩大观鸟影响，让更多的人参与到爱护生态、注重环保的行动中，我们开启了校企合作模式。学校与民间环保、爱鸟人士合作，2013 年 5 月，共同创立了顺峰山公园观鸟实践基地；2014 年 6 月，创立伦教鸡洲观鸟社会实践基地；2015 年 6 月，伦教鸡洲观鸟社会实践基地升级为“鹭园”。此举得到了多家媒体的报道，以此呼吁广大市民从提升环保意识开始，参与环保行动。

图3　鹭园

三、基地综合功能呈现

观鸟基地创立后，观鸟社团的同学可以定期到基地进行观鸟实践，基地还成

图4　鹭鸟

为媒体宣传环保的拍摄地，先后有广东电视台、广州电视台来此做调研、专访拍摄并进行了相关报道。广西电视台的纪录片《美丽西江》在伦教鸡洲观鸟基地拍摄竹林湿地的鹭鸟生态和基地的观鸟活动。广东卫视《凡人大爱》栏目专题报道了“鹭园”主人——顺德鸟叔冼铨辉爱鸟护鸟的事迹。观鸟基地还提供“小手拉大手，环保一起走”的场所，大人和小孩在一睹鹭鸟齐飞壮观场景的同时，内心受到震撼，懂得爱护飞鸟、爱护生命人人有责。

四、环保行动没有终结

6月5日是世界环境保护日，环境保护需要提升人们的认识，自觉将绿色理念转化为实际行动。“能不能将碧绿还给大地，能不能将蔚蓝还给海洋，能不能把透明还给天空，梦开始的地方，一切还给自然……”这是我们的梦想，是我们的心愿，但愿蓝天碧水日，梦想成真时。

户外观鸟，寻求合作，创立观鸟实践基地，为的是能传递环保意识，珍爱生命，共享和美自然，构建和谐城市，共享文明幸福的生活。宣传保护环境是我们的目标，环保行动没有终结！

图5　合影留念

教师情绪之“和”带来教育教学之“美”

刘明蕾

情绪劳动，是个体基于情绪表达规则的自我情绪管理过程。这一概念最早被应用于服务行业。在服务行业中，员工个人的情绪有时会与行业所要求的潜在的情绪表达规则发生冲突，此时就会产生两种情况：一是员工遵循自己的情绪现状，表达真实的情绪；二是员工进行情绪管理，调整自己的真实情绪以符合行业的要求。其中，第二种情况就是所谓的“情绪劳动”。它是一个动态且不断调整的过程：个体在工作中，为实现工作目标，根据行业情绪表达规则的要求对自己的情绪进行调整。情绪表达规则的根本目的就是对员工的情绪表达做出要求，由此所带来的结果就是员工能够更加轻易地实现其他的工作目标。情绪劳动的过程涉及个体不断地把自己体验到的情绪与情绪表达规则所要求的情绪相比较，以确保表现出来的情绪是适宜的。如果表现出来的情绪与情绪表达规则是相互矛盾的，那么个体就会使用一些情绪管理策略使得即将要表达的情绪符合情绪表达规则，从而表现出和谐、平和的情绪状态。

教师这一职业，同样是高情绪表达的行业。从20世纪90年代中期开始，基于教师素质提升发展的需要，开始有学者对教师心理健康问题进行研究（田丽丽、金盛华，2002）。一方面，作为教师，不论面对学生、同事、领导，还是工作，都应保持积极、饱满的情绪，用自己的情绪去感染学生，与学生进行情感交流，产生情感共鸣；另一方面，教学工作中的人际互动也会消耗教师本身的工作热情和工作激情，尤其是当教师本人的情绪状态与教学工作要求的情绪之间产生冲突，需要进行情绪劳动的时候，教师容易产生情绪耗竭和职业倦怠。

在教育教学活动中，教师需要以高度的热情、激情投入其中，向学生传达正面的、积极的情绪体验。也就是说，教育行业同样存在潜在的情绪表达规则，来制约教师的情绪表达和情绪状态。然而，教师亦是普通人，同样也会出现消极的、负面的情绪体验，那么当出现这种情绪体验的时候，真实情绪与“规则情绪”之间就发生了矛盾，呈现出不和谐状态，需要教师进行自我情绪管理，以符合“教师”这一职业对情绪表达的要求。因此，教师情绪的和谐状态不论对于其本身，还是教育教学工作，都显得尤为重要。下面，笔者将重点阐述教师情绪之“和”如何促进教育教学之“美”。

一、教师情绪之“和”的内涵

以往的调查显示，虽然学校对教师的情绪表达未有明文规定，但大多数教师都认为，教师在教育教学过程中，应该表达积极的、正面的情绪，少表达或不表达负面的情绪，因为负面情绪会影响教学效率、师生关系或教学投入。尽管大多数教师都认为在工作状态中，不应该表达负面情绪，然而在实际工作中，教师却必然要面对真实情绪与规则情绪之间的冲突。因为这种冲突的存在，教师平和的、和谐的情绪状态被打破，才有了“情绪劳动”这一过程。通过情绪劳动，化解真实情绪与规则情绪之间的冲突，使真实情绪重新归于平和状态。因此，我们将教师的情绪之“和”定义为“过程”和“状态”：过程是说教师通过情绪劳动来平衡真实情绪与规则情绪之间的冲突，状态则是通过这种平衡所表现出的平和的情绪。

二、教师情绪之“和”促教育教学之“美”

教师具备平衡情绪冲突的能力以及其所展现出的平和情绪对教育教学是有极大促进作用的，这种促进作用主要表现为提升个人的教学投入、工作满意度及直击学生健康人格的影响力。

1. 教师情绪之“和”提高教师教学投入及工作满意度

在教师的工作过程中，教学投入包含三方面：①生理投入，即个体在扮演工作角色、执行角色任务时，能保持生理上的高度卷入；②认知投入，即个体能够保持认知上的高度活跃及唤醒状态，并能清晰地意识到自己在特定工作情境中的角色和使命；③情绪投入，即个体保持自己与其他人的联系以及对他人情绪、情感的敏感性。这种教学投入需要消耗个体的心理资源，尤其容易产生情绪耗竭。在个体产生情绪耗竭的时候，就需要启用情绪管理能力来进行情绪调节，使其重新归于和谐状态。已有研究显示，教师的情绪管理对工作投入有一定的预测作用：情绪管理能力较好的教师，能够及时平衡真实情绪与规则情绪的冲突，使情绪快速归于平和状态，其教学投入程度也较高。

另外，在教学工作中，教学满意度是教师对学生表现、教学目标是否达成等教学质量的满意程度，它常常为教师的工作投入所影响。工作投入较高的教师，对教学评价较高，体现出从内部对教学工作的热爱，那么在面临教学过程中出现的负面情绪、负性事件时就会采取积极的情绪管理策略进行调节，出现职业倦怠的情况就会较少，从而有较高的教学满意度。相反，工作投入较低的教师，容易对教学产生较多消极、负面的评价，从而不愿意或较少主动使用有效的情绪管理策略，进而产生较多的职业倦怠，降低教学满意度。

因此，教师和谐的情绪状态不但能够提升教师的教学投入，亦会增加教师的工作满意度。

2. 教师情绪之“和”直击学生情商培养

平衡真实情绪与规则情绪的能力可称为情绪管理能力。现代社会不仅仅考察一个人的智商，更加看重他的情商。情绪管理能力是情商的重要部分，它指的是个人对自己或他人情绪的觉察与调节能力，属于一种非认知的技能。情绪管理能力的高低影响到一个人是否能够成功应对环境的要求和压力。教师在教育教学过程中，当产生情绪冲突时，如果能够巧妙、快速地化解冲突，降低冲突对工作的影响，那么，其本身的平和情绪也将通过潜移默化的方式传递给学生，无形中通过“身教”的方式影响学生的情绪管理能力，学生感受到教师积极、平和的情绪，会以此为榜样，学习积极的情绪处理方式；反之，如果教师不能够化解情绪冲突，那么其流露出的消极、负面的情绪也将影响学生，这种无意识习得的消极情绪亦不利于培养学生的情绪处理能力。

三、如何实现教师情绪之“和”

既然教师和谐、平和的情绪状态对教学投入、工作满意度及学生情商培养有如此重要的影响，那么就需要思考如何提升教师的情绪管理能力，以及如何保持情绪的和谐、平和状态。根据情绪智力的内涵，在教师的心理素质训练中，可以做一些此方面的尝试，以期对教师情绪管理能力的提升有所帮助。笔者主要从以下两个方面进行了探讨：

1. 有意识的使用深层情绪管理策略

Hochschild 曾经提出三种情绪劳动的策略：①表层表现（surface acting），即当感受到的情绪与情绪表达规则要求的情绪不一致时，个体只通过外部表情、声音等改变外部情绪表现，而并没有改变个体内部真实的情绪感受；②主动的深层扮演（active deep acting），当个体产生情绪冲突时，通过意志努力，使用一些方法来调整内心真实的情绪，使内心的感受与情绪表达规则要求的情绪相符合；③被动的深层扮演（passive deep acting），是即当个体内心感受到的情绪与情绪表达规则恰好一致时，个体不采用任何方式而直接表现出与情绪表达规则相一致的情绪。

由此可以看出，当个体的真实情绪与环境要求的情绪不同时，个体需要对自己的情绪进行调整，一种是表面调整，一种是深层调整。表面调整只能使个体表面情绪与环境要求的情绪相一致，但并未改变内心的真实想法。换句话说，这是一种伪装的或者隐藏的方法，有可能给个体带来更多的情绪冲突。但深层调整就不同了，它促使个体从认知层面来改变内心想法，尽量由内而外地调整真实情绪，使其内心情绪与环境要求的情绪相符合，减少冲突，增加积极的情绪体验。虽然由调整难度上看，表层调整策略无须耗费个体较多的心理资源，而深层调整策略耗费相对较多，但是从调整结果来看，表层调整策略相应地也会引发更多的情绪冲突与负面情绪体验。

因此，当教师在教育教学过程中因为某种原因产生了一些不适宜在工作中出现的情绪体验时，如果单纯地采用压抑、隐藏或者伪装的方式，反而不利于不良情绪的化解与消除，有可能因此引起一系列对学生、对工作的负面情绪。相反，我们提倡教师在工作过程中，如果发生了情绪冲突，最好可以有意识地使用深层情绪管理策略，从改变认知开始，彻底解决带来情绪冲突的负面事件，从根本上调整内心的情绪体验，使之与环境要求的情绪相一致。这样就会减少情绪冲突增多的可能性，进而也避免影响教学投入与教学满意度。

2. 增加职业认同以提升教学投入

教师职业认同是教师个体对所从事的教师职业的体验、认可，这一体验和认可不是一成不变的，而是随着教师对职业的了解和情境的变化而不断变化的。教师的职业认同感与工作满意度及工作倦怠都有较大的关系，Kremer-Hayon 等人（Kremer-Hayon，Faraj & Wubbels，2002）对教师中的特殊群体——以色列地区的阿拉伯校长的研究结果表明：倦怠与职业认同呈显著负相关，即校长越是认同他们的职业，他们就越少出现倦怠。还有研究表明，职业认同影响教师的自我效能感、动机、承诺和工作满意度（Day，Stobart，Kington，Sammons & Last，2003）。

根据研究结果我们知道，教师的职业认同感越强，对这份职业的认可程度就会越高，其所体验到的积极情绪会更多，产生情绪冲突的可能性就会降低。换言之，他就会更多地投入其中，不受到情绪冲突的影响，从而有更少的职业倦怠。相反，如果教师对自己的工作根本不认同，在产生情绪冲突时，相对来说会采用比较被动的情绪调整策略，效果更差，对工作满意度的影响也就更大。

所以，职业认同实际上是一种增加教师积极情绪体验的途径，通过增加积极的情绪体验，来促进教师的工作投入，以此来影响其对教育教学的满意度和教育教学效果。

综上所述，笔者认为，在教育教学过程中，教师和谐的情绪状态对工作投入、满意度及学生的情商培养有重要作用；当教师的真实情绪与教育教学情绪表达规则发生冲突时，有意识地使用恰当的情绪管理策略，能够帮助教师提升职业认同感和工作投入度。同时，这种策略的使用，亦能够提升教师的工作满意度，促进教育教学效果。我们提倡，在未来的教师心理素质培训中，重视教师的情绪状态，加入情绪管理的内容，提升教师情绪管理能力，提高教师情绪智力，从容应对教育教学过程中的突发事件，减少情绪冲突，更好地促进教育教学工作，彰显教育教学之“美”。

初三语文写作教学有效性的策略探究

卢　红

中考考场上，学生们一看到陌生的、不经常练的作文题目就容易乱了方寸，要么出现审题障碍、思路不清，要么写作时材料陈旧、缺少拓展、立意不深、缺乏真挚情感。而中考作文分值高达50，几乎占了总分的半壁江山，所以说作文这一板块的训练尤为重要，特别是初三阶段，更要加强对学生应试写作的指导。本文拟从写作教学的原理、教学中的有效策略等方面展开相关研究和探讨，以期提高初三应试写作教学的有效性。

一、写作教学的原理

写作元理论告诉我们：写作是运用语言文字表情达意的精神劳动。简而言之，写作本身就是一种创造性劳动，也是一个人智能的综合体现。但是，写作具体是一种怎样的生产创造过程，科学至今无法揭晓，其仍处于“黑箱”状态。必须承认的是，写作是难的。从写作行为过程的理想状态的原理（也是写作教学的原理）出发，在教学内容上，中小学作文教学的重点应该放在写作思维操作模型、习惯、无意识的感性形成上面，其目的是让学生运用这些写作思维操作模型生成文章的主题、立意以及所需要的材料、结构、篇章，实现基本的写作能力，并且能够运用这些写作思维的基本能力去进行各种具体的文章体裁的练习和实践。

初三语文教学时间紧、任务重，不能以扩大写作练习的“量”来作为提高学生写作能力的途径。考生在考场上完成一篇应试作文，其写作过程可以描述为：审题—构思—表达—修改。作为教师，应该按照这个写作过程设计出具有可操作性的、能有效提高学生应试作文水平的训练方案；作为学生，按这个写作过程设计的方案受训后，就具备了应试作文的基本功。基本功练得越扎实，其应试作文的水平就会越高。这是提高学生应试作文能力的根本途径。

二、教学理论及实践操作方面的探索

（一）建立写作前要重视审题的思维模式

高分作文产生的条件是：在审题阶段——对题意理解准确；在构思阶段——对题意的转换切题；在表达阶段——对中心思想把握清晰；在修改阶段——有修改的时间、习惯、能力。不少学生在应试时由于时间紧迫，来不及认真审题就匆忙写作，结果下笔千言、离题万里。

培养良好的审题习惯，首先要求学生善于将时间进行合理分配：如果是50分的作文，要拿出50分钟的时间来进行写作，其中花在审题立意上的时间至少要10分钟。在平常的作文教学中一定要让学生形成先列好写作提纲再进行正式写作的习惯。

对学生审题能力的训练，要注重题目的表与里、虚与实、内涵与外延等的理解与把握。为了让教学更有趣味性，也为了方便学生理解和记忆，应该让他们在头脑中形成有关正确审题的思维操作图式。我把审题的过程细化为三步。

第一步：庖丁解牛。“疱丁解牛”在这里是指把作文题分解为若干部分，作文题字数越长，设置的审题难度越大，所以一定要像庖丁解牛一样，把每个有意义的字、词分解开来，单独理解揣摩。这一步实质上是帮助学生从内涵上把握题目。

第二步：小马过河，明辨正反。之所以用“小马过河”来概括这个步骤，是因为这个词语学生们很熟悉。对那些关键词、重点词可以找一找它的近义词或反义词，这样做好处有三：一是找出近义词，通过分析不同词语在褒贬性语境中的细微差别，避免离题；二是如果近义词适用范围一致，就可以安插在文章的不同段落中，既避免用词单调重复又能起到抓住重点、多次点题以明确中心的效果；三是找出反义词，可以帮助学生拓宽思路，明晰写作线索，或反向立意，创造新意。这一步实质上是启发学生从外延上把握题意，为实现下一步表达训练的目标——对中心思想把握清晰作好准备。

第三步：添油加醋，前加（原因）后加（结果）。即把题目还原为一个完整的包含作者和写作对象的句子，可在该句的前后分别想象一下原因和结果。这一步实质上解构了题目的表与里、虚与实。学生脑海里已勾勒出了要写内容的大致轮廓。

在平时的作文训练中，我把审题三步设计成表格，学生在写作前都必须先完成此表，然后我再结合自己的思考进一步启发学生。比如，2010年广东省中考题“那天，我捡到了一把快乐的钥匙”的审题—分析—审题三步表如下：

审题三步表

题目	第一步：疱丁解牛	第二步：小马过河		第三步：添油加醋	
		近义词	反义词	前因	后果
那天，我捡到了一把快乐的钥匙	那天	过去	现在	以前遇到成长的烦恼，我很不快乐	那天我偶然碰到了一件事，使我领悟到了快乐的真谛
		说明：要写过去的事			
	捡到	拾、碰	偷拿		
		说明：是偶然碰到			
	一把	一件事			
	快乐	幸福、满意	烦恼		
	钥匙	真谛			

之所以让学生写出审题的步骤，是因为写作学原理告诉我们：写作是一个动态的行为，即现实生活、客观事物向认知主体（即作者）的头脑转化，形成观念、情感，然后作者将之向文字表述的转化。简而言之，即三重转化：内化、意化、外化。写出来就是将思维成果转化为具体的文字表达，以期达到审题训练的目标——对题意的准确理解。教学实践证明，这种有关审题的思维操作模式能大大降低学生在作文考试中犯偏题、走题错误的概率。

（二）以“十字交叉法”建立写作教学的语言结构秩序

学生对题意正确理解后，下一步便是训练他们的构思。我将“十字交叉法”运用到构思训练中。

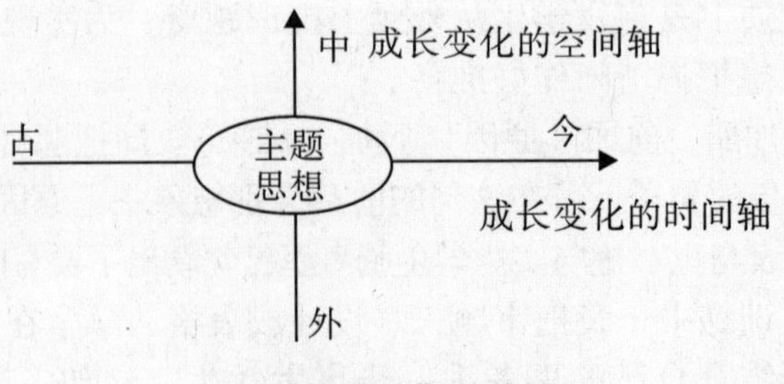

“十字交叉法”结构图

我借用数学中的坐标系，横轴和纵轴既可以分别比作个体成长变化的时间轴、空间轴，又可以分别比作历史时空中的古、今、中、外。这两条轴线都可以向右或向上无限地延伸，使人联想到“天地之悠悠”，真是时间无限、空间无限。把坐标系的原点作为人性的思想内核，这就像把个体置于一个广袤的时空，每个人都可以在这个属于自己的人生坐标点上“思接千载，目游八极”，既可以反躬自省，还能够发散思维，展开充分的联想。时间轴和空间轴的交叉又把时空分为四个区域，我们可以围绕主题特点利用这四个空白的区域用一种线性的关系来展示基本思路或心路历程。

叶圣陶强调在有效的作文练习中要重视方法，认真反复地历练是能力形成的有效途径。“培养能力的事必须继续不断地做去，又必须随时改善学习方法，提高学习效率，才会成功。”叶老半个世纪以前对如何提高语文教学有效性的谆谆教诲并没有过时，在今天的我们看来，反而更显得他的远见卓识。我们只有在平时的作文训练中将审题、构思、表达、修改四个环节指导到位，严格要求学生落到实处，才能真正促进学生写作能力的提高，才能促使初中作文教学走上健康发展之路。

让自信的阳光照耀每一个学生

李仕铭

班主任带领一个班，往往要面对50多个学生，50多个学生又有50多种性格。苏霍姆林斯基曾经说过："教育者应当深刻了解正在成长的人的心灵，只有在自己整个教育生涯中不断地研究学生的心理，加深自己的心理学知识，才能够成为教育工作的真正的能手。"故而，处理好初中阶段学生复杂的心理变化，创造良好的氛围让学生形成健康的心理素质是一个初中班主任必备的素质。而一个班里总会有一部分学生心理存在不健康的问题，比如有的学生缺乏自信，产生了自卑心理。自卑是人生成功之大敌。这类学生在与其他同学相处的时候很拘谨，很难与其他同学形成伙伴关系，而且心灵很脆弱，与其他同学发生一点点误会都会对他们的心灵造成创伤。这类同学其实心里向往与其他同学形成良好的关系，得到大家的认可与尊重，但由于自身心理原因很容易受到打击，与其他同学交往存在障碍，由心理问题而导致学习成绩下降等问题。因此这类学生是我担任班主任时进行心理健康辅导的主要对象。以下是一个自卑学生的心理教育案例。

一、案例背景

开学一个多月后，小黄同学的妈妈找到我，想为小黄申请转学。我很意外，才上学一个多月怎么会萌生转学的想法呢？于是我想了解清楚情况，但她妈妈只说了一句"我女儿在这里生活得很不开心"便哽咽着哭了起来。我一边安慰她，一边问出现了什么问题，从她妈妈的口中，我逐渐了解了小黄的情况：她属于自尊心非常强的女生，别人对她的任何一点怠慢她都会认为是别人对她不尊重，进而影响心情。比如：同学在宿舍的黑板上写了一句骂人的话，她便认定是写给她看的，心里会难过好几天并且暗暗地记恨那位同学；宿舍有一位同学的闹钟放在床头，晚上睡觉时发出嘀嘀嗒嗒的声音影响了她睡觉，她也会觉得这位同学在针对她，但敢怒不敢言。在班上，她感觉老师和同学都不喜欢她，不敢举手回答问题，也不敢向老师请教问题。开学一个多月就已经发展到无法正常学习，整天被同学关系困扰，学习成绩急剧下降，甚至她回家的时候都是和妈妈哭诉在学校发生的种种不开心事情的地步。她母亲出于爱护女儿的想法，想给女儿找一个能够让其开心的环境。

二、解决过程

了解到这样的问题后我十分重视，认真分析了小黄同学的情况，发现了这种情况存在的原因。

她在小学的时候是一位十分优秀的学生，学习成绩经常第一名，是老师身边的红人，同学羡慕的对象。但是进入初中以后，由于我们学校每个班都有不少小学时出类拔萃的同学，她在这里没有了往日的优势，没有了以前老师的时常关心，也没有了以前作为班干部时在同学心目中的地位与同学对她的尊重。这种巨大的心理落差使她开始自卑了，怀疑自己是否有什么地方不如别人，觉得周围的同学都不喜欢她。这样的心理导致她与同学相处出现了障碍，对同学的一言一行都非常在乎，想寻求别人的尊重，然而又时常误会别的同学在针对她，给自己造成很大的心理负担。

小黄同学没有在平等地位中与同学打交道的经验，无法适应比小学更复杂的人际关系。她在小学时是老师眼中的好同学，她的小学同学都非常尊重她，从小到大，其他同学都是以她为榜样，极少有人会对她不敬。而到了我们学校读初中，大家都是平等的，很少有同学会经常赞美她，也不会时常对她表现出尊重。但是她缺乏和这样的同学打交道的经验，不懂得如何与这些同学相处。别的同学也觉得和她相处得不愉快，而且她经常误会别的同学在针对她，想伤害她，因此容易和别的同学发生矛盾，造成很多同学孤立她。她在班里面觉得非常不开心，整天想着和同学间的矛盾，无法专心学习，成绩也一落千丈。

作为班主任，我对小黄因为心理原因而放弃在这里的学业的选择感到痛心。一个人若被自卑感所笼罩和统治，他的精神活动就会受到严重的束缚，自卑感一旦产生，就会渐渐蔓延、扩散，从而产生错误的心理定式，引发人际关系障碍和许多行为上的困扰，妨碍学习、生活和人际交往这些活动的正常进行，从而使聪明才智和创造能力受到严重的压抑，无法发挥自己的作用。这种心理长期发展下去，就会导致一个人颓废、落伍、心灵扭曲，甚至产生错误的人生态度。我决定要帮助这位学生走出心理困境，于是采取了以下措施：

1. 安抚家长，让家长有信心与老师一起帮助学生走出心理困境

与家长分析她女儿出现这种情况的主要原因是小学的时候相对比较优秀，到了初中没有了这种优势，而她现在还没有适应这种转变，巨大的心理落差导致她

产生了自卑心理。进入了初中面临更复杂的人际关系，她并不能很好地处理，由于自卑心理的影响导致她与同学交往出现了障碍。但这些问题是她在成长过程中必须要面对的，现在在初中的时候遇到了，就要得到适当的解决。如果仅仅通过转学回到乡镇中学读书，给她寻找一个能够体现出她优势的环境，只是暂时避开了这些问题，而无法使问题得到解决，这个问题可能会积累到高中甚至大学，从而对她的心理健康造成更大的影响。并且，在一中读了一个多月就转学到乡镇中学读书，同样对她的心理会造成一定的挫败感，觉得是由于自己无法适应而放弃了原来心里向往的学校。只有不转学，家长与老师一起努力，帮助她摆脱同学关系的困扰，才是帮助她健康成长的唯一方法。家长觉得我的分析很有道理，于是赞成让我帮助她解决心理问题，而且他们会全力支持老师的工作。

2. 安排小黄担任班干部，让她重新树立起自信

敢于当众讲话，是克服自卑最有效的方法。有许多原本木讷或口吃的人，都是通过练习当众讲话而变得自信起来的，如萧伯纳、田中角荣、德摩斯梯尼等。因此，当众发言是信心的“维生素”。我在班里给她安排了数学科代表的职务，每天帮助数学教师收发作业、布置练习等。在这个职务上她很认真负责，心情也开朗了起来。她后来在日记中写道：“我走到黑板前，把老师布置的数学作业写到黑板上。同学们纷纷问我作业的要求是什么，我在讲台上一五一十地告诉了同学们，小学时的那种当老师助手的感觉又回来了。”

3. 让班上的同学欣赏小黄同学，使她重获自信

班主任的言论能够引领学生的思想，能够改变学生对另一个同学的看法。于是在一次班会上，我趁机当着全班表扬了她。在同学面前表扬她学习刻苦，思想正派，自律性强，是同学们学习的榜样，老师很喜欢这样的学生。这样的表扬有两个效果：第一，可以使她感觉老师喜欢她，让她在班里重拾自信，而且能够发掘自己的优点，学会欣赏自己；第二，可以使同学们认识到她的优点，并且让同学们觉得要向她学习，才会得到老师喜欢。她在同学们心目中的地位也提高了。

4. 与小黄深入交流，鼓励她努力学习，通过提高成绩提高自信

补偿心理是一种心理适应机制，从心理学上看，这种补偿，其实就是一种“移位”，即为克服自己生理上的缺陷或心理上的自卑，而发展自己其他方面的长处、优势，赶上或超过他人的一种心理适应机制。在与她的交谈中我了解到，她的数学比较有优势，在小学的时候曾经参加竞赛获过奖。于是我鼓励她提高成绩，首先从数学开始。要补上这一个多月落后的课程就要比别人花更多的时间和精力。在我的鼓励之下，凭借她自己的毅力，她的数学成绩很快进入了班级前列。更为可贵的是，在“南方杯”数学竞赛中，小黄同学通过了初赛的选拔进入了数学奥赛班。我马上对她大力地表扬，因为全年级能够进入数学奥赛班的女

生凤毛麟角。她能够进入数学奥赛班说明她是非常优秀的学生。在我的表扬与鼓励下，她其他学科的成绩也全面提高，自信心也大大提高。

三、教育结果

通过这些措施，小黄在同学们面前开始表现得自信，与同学们之间的误解也消失了。没有了同学关系的困扰，她又能把精力集中在学习上了，凭借她良好的学习习惯和刻苦学习的精神，学习成绩得到了很大的提高：不但数学进入了奥赛班，其他科目的成绩也全面提高，期末成绩从期中考试的班排名 44 名进步到班排名前 10 名，年级排名进入前 300 名。

家长看到了小黄同学在短短的半个学期中，无论心理还是学习成绩都有了很大的变化，变为一个乐观自信的女孩，非常高兴，并在家校联系册上写道："九月份里，曾有过一阵小雨，但很快便看到风和日丽。我们非常感谢班主任李老师的悉心关怀及帮助，他是魔术师，能将'阴天'变为'晴天'。也非常庆幸，女儿能勇敢地面对困难，看到她渐渐地适应了新的学习与生活，我们从心里笑出来了。"

四、案例反思

作为一名班主任，我深深地领悟了学校"为学生一生发展而奠基"的办学思想。在班主任眼中，每个学生只是班集体的 1/56，但在家长眼中，孩子是家庭的 100%。只有关爱每个学生，让每个学生都有健康的心理与健全的人格，为学生的一生发展而奠基，才能满足家长对老师工作的期望。

在初中阶段，学生处于生理和心理发展高峰期，自尊心迅速增强，他们要求得到教师的尊重、同学的敬佩，在学习和娱乐方面，精力充沛，喜欢结交朋友，重"义气"，喜欢结成松散的小团体，以提高自己的归属感，满足自己的自尊心。但是由于他们的知识水平有限，判断能力不强，对自己的评价缺乏全面性和客观性，多数表现为自我评价过高，缺乏自知之明，甚至妄自尊大，结果一遇到挫折，就迅速出现自我否定的现象，陷入自卑的泥潭，甚至走向极端。对于这种成长的烦恼，教师应当注意开导，一些小小的举措如点名表扬、在班会上安排发言等都可能会起到很好的教育效果。为避免这些学生受自卑心理困扰，教师应该倡导赏识教育，多学习心理学知识，才能更好地分析处理学生的心理问题。重视学生的心理健康，才能为学生一生的发展而奠基。

如何在师友互助高效课堂的模式下精细化备课

杨兰兰

师友互助是以同桌两人为单位的一种新的学习模式，学习较为优秀的是“学师”，学习较弱的是“学友”。课堂上，教师通过精细化备课，设计以学生为主体的导学案和PPT，通过学生教学生、学生帮学生实现互助共赢。一堂课是否高效，一看学生知识掌握、能力增长和情感、态度、价值观的变化程度；二看教学效果是通过怎样的方式获得的，是否实现了“少教多学”；三看生生互动、师生互动过程中是否全情投入迸出火花。导学案和PPT是学生学习的载体，学生的学习过程和学习效果都是通过导学案和PPT来呈现的，精细化备课不仅要备学生、备教材，更要备导学案、备PPT。所以，老师们必须精心地编排，合理地组织，反复地修改，才能产生高效的课堂效果。

一、根据学生情况和教材要求精细化导学案

导学案的编排是否合理，对一节课的效果有直接影响。师友互助课堂按照交流预习—互助探究—分层提高—总结归纳—巩固反馈五个步骤依次进行，每个步骤环环相扣。老师在编写导学案时要精编细选，重视过程和方法，要体现设计意图，注重问题引领、方法指导、要点点拨，同时也要有操作步骤、注意事项、预测效果、处置预案，让学生在学习的过程中学会思考、学会倾听、学会表达，真正体会到学习的快乐。

交流预习这一环节，难度不宜太大，应既有新旧知识之间的联系，又有新学内容的铺垫。这一部分的内容要求学生通过以前所学或者预习课本加以完成。预习可以是填空、选择、问答的形式，也可以结合学生喜欢的方式呈现重要的知识点和例题，尽可能地发挥学生的自主学习能力。

互助探究部分是一节课最精彩之所在，学生通过这一环节的学习应该能够基本掌握本节课最重要的知识点和典型例题。在编制导学案时要呈现知识的形成过程，让学生在互助探究的过程中慢慢提升分析问题、解决问题的能力，突破本节

课的重点、难点，规范解题步骤。

分层提高部分要设置基础题、中档题、提高题，让一部分基础差的学生通过课堂学习可以轻松完成，体验成功的快乐，提升学习的信心。通过一些稍有变化的中档题和综合性较强的能力题，让基础好一点的学生能够提升能力，灵活运用。总之要使不同层次的学生在课堂上有不同的收获。

总结归纳环节既要对本节课所学的知识、重难点进行归纳整理，又要对本节课所涉及的数学思想方法进行总结，更要对师友组在本节课的表现给予评价，对于表现好的师友组进行表扬。每一节课都有重点、难点，让学生自己归纳出来并掌握，就等于抓住了学习的要害，学习也会产生事半功倍的效果。

巩固反馈环节当堂完成。教师要及时了解一堂课的教学效果，方法很多，课堂的巩固反馈就是最直接、最及时、最准确的一种。利用课堂巩固反馈，学生也能很快发现自己在学习中存在的问题，快速地加以纠正，从而对脑海中的错误认知迅速做出调整，最后达到高效课堂。

二、根据导学案精细化制作 PPT

PPT 在我们的教学中起到了非常重要的引导作用。我们倡导把课堂还给学生，老师要少讲和精讲，对学生的引导和要求可以用 PPT 的形式呈现，利用 PPT 强化任务，确保教学活动有效实施。

PPT 首先应呈现的是本节课的学习目标以及温馨提示，需要学生在课前大声地朗读出来，所以学习目标的设计一定要明确，可以用“掌握”“熟记”“会用”等词汇来描述。具体落实到每个知识点，目标不要超过三个，要有重难点，要让学生清楚地知道本节课所要掌握的知识和方法。

接下来进行师友互助的课堂“五步十环节”，其中的五步按照导学案的要求来编排，展示所要思考解决的问题；十环节是每一步都要有学生环节和教师点拨环节。学生环节一般分为自主学习、师友交流、师友展示三个部分。比如在互助探究环节，我对学生提出的要求是：

①自主学习：观察方程组的结构（x，y 的系数）；

②师友交流：交流各自的发现；

③师友展示：

学友：简述题目特征，说解题步骤。

学师：补充和点评。

其他师友组可以进行质疑和补充。

学生通过 PPT，可以清晰地知道学师做什么，学友做什么。师友交流不应流于形式，而应告诉学生交流的具体内容是什么，对于这个问题的思考和交流将会为学生接下来的学习做好铺垫。

在教师点拨环节，教师应针对学生在学习过程中遇到的问题给予及时的指导。在课堂上，老师认真倾听学生的交流和展示，捕捉学生的亮点和问题，指导学生理清思路，让学生除了知道“是什么”，还要知道“为什么”，不断地质疑，从而深化对知识和解题方法的理解。最后，老师点拨本节课的重点、难点、考点，以及学生的易错点、易混点，从而体现一个老师对整堂课的引领。

三、在实践中不断尝试精细化备课

下面，以我的一堂观摩课“加减消元法解二元一次方程组”为例来进行详细的分析。

第一次上课的时候，我没有掌握好精细化备课的要领，整个 PPT 的设计指令不清晰，没有时间限制。导学案的编排不合理，导致在交流预习时花了很长时间，练习的设置多了一些。有些学友跟不上，有些学师无事可做，这样也就导致原本一节课应该完成的内容中有两个步骤都没有完成。这种教学的随意性太强，学生掌握得也不好。

比如中间有一个环节，我设计了“练一练”：

解方程组：（1）$\begin{cases}7x-2y=3\\9x+2y=-1\end{cases}$

（2）$\begin{cases}6x-5y=3\\6x+y=-15\end{cases}$

希望学生可以通过两道习题分别练习加和减两种消元的方法。后来发现时间紧，完不成教学任务，必须对导学案的内容做出调整和精简。于是在第二次上课的时候我重新编了一道题，把原来的方程组改成$\begin{cases}3x+4y=7\\3x-4y=-1\end{cases}$。一个看似很小的调整，却花了我很多心思。这个方程组可以用两种方法同时解答，既巩固了所学的知识，又发散了学生的数学思维，同时又节省了课堂上的宝贵时间。

第二次上课的时候我按照精细化备课的要点重新设计了 PPT，尽量使每个环节指令清晰，并且每个活动都限定时间。这样，各环节之间更加紧凑，完成了基本的教学任务。但是课堂上学生的能动性还没有完全被激发出来，学生在学习新知的过程中只是一味地完成老师布置的任务，没有探求新的问题。教师点拨不及时，一堂课的深度不够。

针对之前存在的种种问题，我再次对本节课的导学案和 PPT 进行了修改，利用技术把计时器直接嵌入到PPT上，这样操作起来就更加方便。师友交流环节PPT上的指令我也做了相应修改，努力让学生知道自己每一步应该做什么。教师点拨环节我也进行了精心的组织，希望能够恰到好处地对学生进行指导，既能解决学生存在的问题，又能彰显数学课堂的魅力。

与会的专家和老师们对我修改后的最后一堂课给予了非常高的评价。指令一下，师友组就能按照老师的要求认真地交流起来，遇到师友组解决不了的问题，小组一起讨论，能够真切地感觉到全班同学都动起来了。在师友展示环节，学友先说，学师补充，有了充分的交流，连平常基础很差的同学都主动要求上台展示，学生的表达能力和自信心都得到了有效提升。我要求学师在点评时不重复学友说过的内容，强调不同之处和注意事项，学师们既注重细节上的指引，更注重方法上的指导。其他的师友组也积极地质疑、补充，最后再请老师点评。学生在交流、展示、质疑时对方法有了更深入的认识，绝大部分学生通过这节课的学习都达成了学习目标。在这个闭合语言圈下，老师只需要认真地聆听，适时地点拨，让学生自己去发现问题、解决问题，从而实现以学生为主体的高效课堂。

第三节课的成功在于我不断地尝试精细化备课，从导学案的每一个细节，到PPT上的每一个指令，我都进行精心组织。每一个环节我都能给学生充分的时间思考、交流、展示，环环相扣，既注重落实又注重高效；对学生在学习过程中遇到的新问题都能给予及时的指导，从而体现一个老师对整堂课的引领。只有亲身感受知识的形成过程，体会探究学习带来的快乐，变被动为主动，学生对知识的掌握才会更加牢固，对知识的理解才会更加透彻。

按照“五步十环节”精细化备课，通过师友互助，学生动起来了，老师轻松了，课堂高效了。老师们要在教学中不断尝试新方法，形成自己的教学特色，真正实现高效课堂。

师友巧互助　复习更高效

邹枫林

复习课是一种必不可少的课堂教学模式，英语复习课是巩固知识、发展技能的重要课型。复习课在教学中的地位举足轻重，但由于不同老师对复习课的目标定位与活动方式不同，所以复习课的效率与效果不尽相同。在现行初中英语新课程标准和理念的指导下，对于初中英语复习课的有效教学行为与策略的研究显得尤为重要。

一、问题与现状

笔者通过反思自己的复习课教学行为和观察同事的教学行为，发现我们在英语复习课中存在很多低效甚至是负效的教学行为，主要可概括为：①复习课上采用的方法缺乏多样性，机械练习的痕迹比较明显，仅以做题的形式检查学生是否掌握了所学知识，学生逐渐丧失学习兴趣，学习积极性不高，不少学生对英语复习课产生畏惧感和厌恶感。②复习课的随意性较强，缺乏严谨的规划和设计，常常是发现学生哪里没有掌握就强调哪里，甚至面面俱到，不分重点和难点。③课堂上简单重复新授课上所讲知识的现象严重，内容处理缺乏变化，教学方式缺乏新意，学生获得的新知识和能力不多。④不少环节的复习活动综合性不够，往往把听说读写功能分割开来，过分侧重语言点与语法结构的操练，较少培养学生的语言综合实践能力。⑤教学以新授课的课本内容作为参考甚至载体，缺乏针对学生生活实际的学习材料，不够重视学生实际运用语言的能力。

对于初中英语教学来说，一节有效的复习课不仅能达到巩固新知识、提高学生的英语成绩的效果，而且能增加学生的学习成就感，提高学生的英语学习兴趣，也能培养学生的语言综合实践能力和实际运用语言的能力，帮助学生在中学阶段打下坚实的英语基础，为后续的学习做好英语知识、学习方法、能力以及学习习惯上的充分准备。

为了改变复习课的低效、负效现象，提高复习课的效率，提高学生的英语学习兴趣，消除学生对英语学习的畏惧感和厌恶感，我们决定探索出有效、高效的英语复习课教学策略。经过初步总结、认真反思、仔细分析和进一步的深入思考，结合我校推行的和合课堂“师友互助”教学模式，我们在有效的教学行为方面做了一些积极的尝试，本文将以初一英语复习课为例进行简要阐述。

二、探索有效的教学行为

1. 复习前，密切关注学情反馈

首先，为了上好复习课，我们会让每一对师友相互交流学习新课后的感受，及时了解和发现他们在学习新知识过程中的困惑和易错点，从而把握好复习课设计的重点。比如，学完 Where do you come from? 和 Where are you from? 这两个句型后，学生在口头和笔头练习时总喜欢将两种句型混为一谈，出现类似 Where are you come from? 的错误句型。又如，学完“一般现在时中当主语是第三人称单数时，谓语动词要用单数”这一语法后，学生又将动词三单的变化和名词复数的变化混为一谈。再如，学完 There be 句型的将来时后，学生总会不自觉地使用 There will have …和 There is going to have …这样的错误句型。我们将这些具有普遍性的易错点作为复习设计的重点。其次，为了更准确地了解学生对某个模块内容的掌握程度，我们总会在复习课前实施相关的知识检测活动，以此来突出复习课的重点和难点。通常我们会以每一模块的第三单元“Language in Use”为载体，设计具体的、有针对性的、可操作的活动，从听、说、读、写等各个方面检测学生对整个模块内容的掌握情况。

2. 整合复习内容，实现各项功能目标的综合达成

复习课中不再单一地将单词、短语、句型和语法分开来讲，而是强调复习内容的整体性，综合性地复习与巩固听说读写各项功能目标。常用的方法：①围绕模块主题进行内容整合与拓展，突出复习内容的挑战性。建立复习课与新授课之间的有机联系，并进行有意义的拓展，赋予目标知识以新意和挑战性，避免教学内容的单调重复。②以语篇的阅读带动词汇的巩固。词汇的复习与巩固可以突破听写、默写的形式，将之融入一段有意义的片段，从而实现词汇巩固与阅读理解同时进行的综合效果。③以话题的表达实现语法的运用。语法的复习不再停留于孤立的造句练习，而是让学生围绕模块话题展开有意义的交流，在创设的情境中运用语法。④以复述检验学生的听力理解，训练学生的听说能力。听力理解可以超越做听力习题的形式而贯穿于整个复习过程，创造机会让学生将听懂、读懂和理解了的内容与同伴进行交流分享，从而实现有意义的互动，加深学生的理解。例如，在学完了 Life History 这一模块后，设计一个介绍 Michael Jackson 的活动，

帮助学生复习人物的介绍。先让学生听一段关于 Michael Jackson 的录音，然后让学生完成短文填空，最后以师友互助合作的方式让各小组间复述该内容。

Michael Jackson ________ (be born) on August 29th, 1958 in Indiana. He was one of ________ (successful) American singers, dancers and ________ (act). Some of his most ________ (famous) songs are *Heal the World*, *You Are Not Alone*, *Beat It*. Michael Jackson ________ (begin) to sing with his brother in a band at the age of 5. Their songs ________ (be) popular with young people. In 1969, his family ________ (move) to Los Angeles and he ________ (decide) to be a singer. In 1984, Michael ________ (win) 8 Grammy Awards in one night. After that, he ________ (become) a successful singer and dancer. Then he ________ (start) to act in some films. In 1994 Michael ________ (marry) Lisa Marie Presley, daughter of rock legend Elvis Presley. But his marriage lasted only 10 months. On June 25th, 2009 the King of Pop ________ (die) and ________ (leave) us forever.

这一活动就较好地融合了听力理解、模块词汇复习、一般过去时运用、阅读理解、模块内容拓展以及模仿写作等多种功能，体现了教学行为的高效性。

3. 通盘考虑复习形式与活动的选择和设计

首先，为了照顾不同层次的学生，针对某一具体内容设计出具有开放性和选择性的复习形式。比如，在复习形容词的比较级和最高级时，设计一个谈论自己喜好的开放性活动，I like ________, it's the ________, and it's ________ than ________，让学生说出自己的最爱，用上最高级，同时将它与自己不喜欢的做比较，要求各师友组尽可能快地完成尽可能多的句子。这样所有学生都能有话可说，都能练习到形容词的最高级和比较级，加深知识的掌握程度。其次，初一学生在英语学习方面还是主要依赖于外在兴趣的刺激和驱动，为了避免复习课单调枯燥的机械练习，要设计具有一定竞技性和趣味性的复习活动。常用的活动有：①重点词汇竞猜。在复习 Computers 这一模块时，有许多电脑部件和应用的名词，我们设计的活动是给出这些名词的解释与描述，让学生根据提示竞猜；在复习十二个月份的名词时，设计与月份有关的典型问题，如 When is the Spring Festival? When is the Christmas? 等，让学生抢答并迅速而准确地拼写单词；在复习 The Olympic Sports 时，让学生代表看卡片上的单词做动作，其他学生竞猜运动的名词。通过这些竞赛抢答，让师友组之间进行竞争，激发了学生参与学习的兴趣与热情。②词汇归类整理。对于同属一个主题的词汇，引导师友互助画 word map，既复习了词汇，又提高了学生的联想能力；复习八个方位名词时，让学生迅速画出方位图，标出方位词；复习表示位置的介词时，通过简明的示意图，让学生标出 in, on, under, over, above, behind, beside, near, in front of , in the front of ，学生很快就搞清楚了各个方位词的用法，并且还能模仿着画出更形象有趣的示意图来。③句型“核裂变”。对于某些重点句型，让师友组在理解的基础上通过模仿，尽可能多地创造出有意义、创新的句子，既巩固了句型，又让学生学得有成就感。④示范例句的语法转换。在学习了一般现在时、现在进行时、一般将来时和一般过去时后，为了帮助学生更好地理解和区别这些时态，设计一个乘坐时光机的活动，让一个例句所表达的事件在不同时空里穿梭，转换时态，学生兴致盎然，积极参与，很快就搞清了不同时态与不同人称的表达和区别。⑤创编成篇或情景表演。学生在复习过程中仅仅掌握了词汇的音、形、义，对句型结构和语法知识的掌握还远远不够，最关键的还是要有意识地输出与运用。为了避开大量做题的形式，我尝试把主题相近的词汇、句型和语法适当集中，让师友组发挥想象，把它们融入相关情景连成篇章或组织表演一个情景剧，从而促成多元目标的达成。

4. 复习过程中的及时激励与指导

学生在复习过程中可能会对某一内容或活动感兴趣，产生较好的学习效果，能够融会贯通、活学活用，并引发新知识的生成，这时老师应及时给予肯定和鼓励，让学生学得更有信心和成就感。一方面，老师可以多用鼓励式的评价语言，多鼓励学困者，多欣赏普通者，多启迪尖子生，多用客观的师友互动式评价，全面看待复习的过程与效果。教师恰当运用肢体语言，也能创造无声胜有声的学习效果。另一方面，也要履行复习的查漏补缺职责，密切关注学生出现的语言错误或复习过程中表现出的学习困难，通过教师指导、师友互助释疑，使他们通过复习弥补知识上和理解上的缺陷。

三、提出有效的教学策略

总结以上有效的教学行为和实践经验，我们提出了初中英语复习课的有效教学策略：

（1）师友交流，反馈学情，提高复习课的针对性。复习课教学要根据学生对本模块学习的实际情况，进行有针对性的内容组织或补充，以学定教，而不能盲目地对所有学生和全部内容实行“一锅端”。

（2）教师指导，师友合作，整合知识，形成体系。新课一般是根据教学重点和难点对内容进行分解，方便学生理解和掌握。那么复习课就应该把学生头脑中零碎的知识点整合起来，加强复习内容的整体性和知识之间的互融性，帮助学生建立完整的知识体系，让学生对所学知识胸有成竹，为深入的学习做好系统的知识储备，提高学生融会贯通、活学活用的能力。

（3）复习形式要具有开放性和选择性。随着学习的深入，不同学生的英语学习水平会呈现差异，所以复习课上就要关注这种差异，尽量选择开放的复习形式，给学生留有选择的余地，使每一位学生都能根据自身情况积极参与复习并有所收获。

（4）突出复习活动的趣味性。复习课上将巩固知识和提升能力等目标融会贯通于各种鲜活的、有趣的、有挑战性和竞技性的活动中，实现寓教于乐，有利于提高教学效率。

（5）激励评价，让复习课堂生动起来。将师友组的个人评价与团体评价结合起来，口头激励与肢体表扬结合起来，教师评价与师友互评结合起来，树立信心与培养典型结合起来，用智慧的评价滋润学生的心田，用互动的评价客观全面地鼓励学生，用无声胜有声的评价让复习更精彩！

顺德乡土历史“和美”教学资源的开发与运用

江秀娟

乡土历史教学在西方发达国家中普遍受到重视。1844 年，德国人芬格创立了乡土教学，并著《乡土教学指引》一书，自此德国便在初等教育基础学校中开设了乡土知识课程。美国有 30 个州用法律规定学校教育中必须开设本州的州史课程。我国乡土历史教学始于清末，在 1903 年实施的新学制中就把乡土历史教学提为一项革新要求。1949 年新中国成立后，各个时期的中学历史教学大纲中，都明确规定各省、市、自治区可以自编乡土教材，给乡土历史教学实践搭建了广阔的平台。

近年来，教育部多次提出，中学生除了要学好国家课程规定的历史教学内容之外，还应该学习一些乡土历史。不仅把乡土历史教育纳入了现行的课程计划，而且还规定了在学科总课时中应该留出适量课时安排乡土历史的教学。特别是随着历史教育课程资源的日益全球化和新课程改革的逐渐深入，作为课程重要载体之一的乡土历史教学资源的开发与运用越来越引起史学界同行们的关注。新的历史课程标准非常重视利用乡土历史课程资源对学生进行热爱祖国、热爱家乡的爱国主义思想教育，以增强学生建设家乡的使命感和责任感，使抽象的思想教育转变为形象、具体的乡土历史教育，这种转变将有助于学生形成良好的思想、道德和情操。因此，乡土历史教学资源的开发与运用，对实现历史教育的功能具有特殊的意义。

一、乡土历史教学的现状

《全日制中学历史教学大纲》中“教材的安排”第三条指出：“中国历史在完成教学大纲规定的教学任务以外，各省、市、自治区可以自编地方乡土教材，补充教学。”对此，教育部还专门对乡土历史的教学工作作了关于教材编写、教时安排、考试、评估等规定。这些措施有效地促进了各地乡土历史教材的编写和学校乡土历史教学工作的顺利开展，取得了一定的成绩。然而，在现实生活中，乡土历史教学的形势仍旧不容乐观。青少年学生乃至中青年知识分子，虽对历史的基础知识都能基本掌握，但对自己的家乡曾经有过怎样的辉煌与挫折，却知之甚少。这种现象的普遍存在，究其缘由，我认为有以下三点：

（1）乡土历史教学计划没有得到落实。

在乡土历史教材的编写方面，各级教育行政部门都组织专门人员进行收集和编写，出版了不少印刷精美、内容丰富的乡土历史教材。但在当前应试教育仍然占统治地位的学校教学现状中，主考科目挤掉非主考科目的现象普遍存在。因而，这些优秀的乡土教材并没有得到很好的利用。

教学时间被挤占的形式是多种多样的，主要表现为这几种：一是在上级主管部门或者学校临时需要停课时，学校为了保证主考科目的教学时间，往往挤掉非主考科目；二是非主考科目的排课时间大都安排在上午的最后一节或是下午，这个时间段的教学效果往往不佳，而且容易被挤掉；三是在期中、期末复习考试阶段，非主考科目的教学时间就完全被剥夺掉，而历史科往往也位列其中。为了完成教学任务，历史教师的普遍做法就是挤掉补充的乡土历史教材内容。

（2）教师缺乏乡土历史知识。

部分历史教师在受教育阶段就缺失乡土历史的知识链，而外来应聘的历史教师对本地区的乡土历史更是一无所知，要他们随意便能绘声绘色、如数家珍地讲解当地的乡土历史，明显就是强人所难。而问题的关键还在于部分教师缺乏补充乡土历史知识的意识，他们单纯地把教材发放给学生，不讲解、不检查、不考试，听之任之，至于学生是否阅读更是不予过问。

（3）教学评估问题。

我们说考试不是万能的，但考试对于学生的学习却能起到引导和督促作用。各地在历史科的考查中基本缺乏乡土历史题目，主管部门或许是认为乡土教材作为补充教材没有考试的必要。如此一来，学生自然也认为乡土历史可有可无。

二、乡土历史教学的现实意义

乡土历史教材不是单纯的地方文物史料，而是根据本地区的考古文物或文献资料编写的教学材料。乡土历史是乡土教育的组成部分，是祖国悠久历史、灿烂文化、民族灵魂的一个缩影，是进行爱国主义教育时生动、具体的素材。因此，切实搞好乡土历史教学是历史教学的重要一环，也是中学历史教学内容的重要方面。乡土历史教材的显著特点是具有地区性，故各地区的内容是不相同的。“乡土历史”包括两个方面的内容：一是指补充全国性历史的地方史，这是祖国历史在某个地区的具体化（即具有全国意义的地方史）；二是虽无全国意义，却是该地区历史发展特殊性的具体反映，更能说明我国地域辽阔，民族众多，历史丰富多彩。无论哪一方面的内容都是中国历史教材的最好补充。乡土乡情，常常表现出人们对家乡的眷恋之情。在历史教育中，乡土历史往往是学生学习历史的向导，有利于传承社会文明，凸显乡土文化特征，真正实现历史学科的教育价值和课程目标。因此，乡土历史教学具有重要的现实意义，具体体现为以下三点：

（1）乡土历史能把祖国历史同学生的生活经验联系起来，使学生怀着极大的兴趣，积极投入学习，并依据自己熟悉的亲见事物切实地了解历史。

兴趣是最好的老师，而乡土历史中的人和事、景和物往往是学生身边的，是学生日常生活中耳濡目染、耳熟能详的东西。在教学中，乡土历史的出现往往使他们倍感亲切，兴趣倍增，有如电流传递似的，迅速凝神屏气，激发起强烈的探究意识。

（2）学生在学习和调查研究乡土史料、史迹过程中，能养成分析问题、解决问题的实际能力。

受传统教学模式的影响，过去的历史教学只注重知识的传授，轻视能力的培养。而在知识爆炸的今天，能力教学比单纯的知识教学更为重要。托夫勒有句耐人寻味的名言："未来的文盲不再是不识字的人，而是没有学会学习的人。"从认知水平看，知识属于较低的认知层次，回答的是"是什么"的问题，能力则属于较高的认知层次，回答的是"怎么办"的问题，它比知识具有更广泛的适用性、持久性和可迁移性。能力源于知识又高于知识，知识不会自然、自动、迅速地转化为能力，只有坚持有效的练习和实践，使静态知识转化为动态知识，基础知识转化为应用知识，能力才能形成和发展。由此可见，教师不能单纯地从外部给学生灌输知识，应该将一把开启知识宝库的钥匙交给学生，达到"为教者必期于达到不须教"的目的。

对学生能力的培养也有一个由低层次逐步向高层次提高的过程。根据历史课程新标准提出的要求，对中学生来说，应着重在综合能力和思维能力的培养上下功夫。因为综合能力的培养有助于对事物进行整体性的认识，克服"只见树木，不见森林"的毛病。

（3）乡土历史教材既然能把祖国的历史同学生的现实联系起来，就能使他们从家乡的历史看到祖国历史上的成就，从祖国的历史知道家乡的过去及其在祖国历史上的地位。家乡历史上的伟大英雄人物，也就自然成为他们仰慕和引以为豪的对象。这样，他们就能受到亲切的爱国主义和思想品德教育，并将之化为献身"四化"的实际行动。

爱国主义是人类高级的社会情感，这种情感不是空泛的说教所能达成的，它需要日常的积累和长期的熏陶，需要通过一些具体的、实实在在的活动让学生参与进来，并由感知进而升华为情感价值观。

专家学者普遍认为，爱国教育最好的方法是要把遥远的、全国性的、空泛的爱国主义变成具体的、身边的、家乡的，可以看到、听到、接触到的活生生的事实，并通过学习者的口、手表达出对自己家乡、社会的热爱，才能进而上升到对祖国的爱。正如苏霍姆林斯基所说："从直接表达爱家庭、爱学校、爱故乡的感情，逐渐过渡到认识更加深刻的社会关系，从理性上认识祖国的概念。"而乡土历史正是这样一个有效的培养爱国主义的平台和载体。

三、乡土历史教学资源的搜集与整理

乡土历史教材包括两方面内容：一是补充全国性历史的地方史；二是虽无全国意义，却是该地区历史发展特殊性的具体反映的史实。乡土历史教材所包含的具体内容如下表：

表1　乡土历史教材所包含的具体内容

种类名称	举例
历史遗迹	①考古学上的遗址：原始人的住所、古代墓葬、古城垒遗址、古战场、手工工场等 ②古代遗留下来的建筑：城堡、寺庙、塔、桥、石窟、石碑、宫殿等
历史文物	石器、陶器、骨器、玉器、铜器、铁器、钱币等
历史传统	民间故事、口头传说、口头采访资料等
新中国成立后的成就	政治、经济、文化等各方面的内容

用于历史教学的乡土材料广泛而又分散。教师要进行乡土历史的教学，须本着符合社会学科教学目标，具有乡土特色和风格，着眼历史的连贯和未来的发展，能在实际生活中印证体察为先，配合学生需求由近及远等原则对本地区的乡土材料广为搜集。即使是在已经出版了乡土历史教材的省、市，历史教师也要注意乡土史料的搜集工作。因为一省的乡土历史教材，其着眼点是放在全省的历史发展，而对于该省的每一地区、每个县的乡土历史，则不可能全都包括进去。

乡土历史教学资源的搜集与整理大致要经过以下几个环节：

（一）查阅历史文献

了解地方历史的有关文献，是搜集和整理乡土史料的主要工作，也是编纂乡土教材的重要途径。不掌握本地区的历史文字记载，教师要搞好乡土历史教学是不可能的。因此，历史教师应当熟悉和掌握本地区图书馆、档案馆、文化馆中所存的书籍、报刊，可以先从地方的馆藏目录中找出有关的方志、报刊、私人著述等书目，再根据需要进行阅读和搜集。

（1）要特别注意地方志，因为地方志是有关地区自然和社会各个方面的历史与现状的综合性著述，举凡一地的建置、沿革、疆域、山川、名胜、物产、人口、人物、民族、文化、教育、风俗等情况，都为其所包容。司马光称其为“博物之书”，章学诚称其为“一方之全史”。我国的地方志数量很多，据统计，现存宋至民国时期的地方志有 8 500 多种，超过 11 万卷，有 23 个省修有通志。清末全国的 216 个府中，有 210 个府修有府志，80 个直隶州中有 74 个州修有州志。而在新中国成立后，尤其是近十几年来，各地对编修方志的工作更为重视，大多数的市、县都进行了编修新志的工作。这些新旧方志对于编写乡土历史教材来说，是很重要的资料来源和依据。

（2）要重视地方的报刊资料。因为报纸杂志上有不少历史活动的真实记录，其所记的时间、地点和人名等较为准确，对于事件的报道也较为具体。另外，对于目前已刊行的文史资料丛书和地方史研究会的会刊，以及考古新发现的报告，也都应予以注意。

（二）参观考察

参观本地的博物馆、展览馆和纪念馆，对本地区的山川、景物、名胜、古迹进行考察，特别是实地考察，往往能对历史旧址有整体的了解，可以掌握一些直接的材料。参观考察时要注意记录和拍照，以便使资料有利于保存和使用。

（三）调查访问，开发地方课程资源

实地采访是我国古代史学家的一个优良传统，司马迁在《史记》中就多处采用访问所得的“口述”。教师应利用多种机会，采取多种形式，如深入群众调查、登门拜访、组织座谈会、发函征询等，向本地区一些历史事件的当事人、知情者或目睹者进行调查，搜集材料。访问时的录音和原始记录要及时整理成文，

以便进一步核对和分析，归类备用。

在进行搜集和整理时，特别要注意对史料的鉴别。一些地方志和私人著述，在内容编写上不一定严谨，差错很多，有些民间的传说也并非史实，尤其是这些原始材料都不可避免地带有阶级和时代的烙印，即使是劳动人民歌颂自己的英雄人物，有时也往往借助于宗教迷信予以神化。对此，教师要运用历史唯物主义的方法，认真地进行鉴别和分析，以求去伪存真、去粗取精。搜集乡土史料要严肃慎重，要遵循历史教学的科学性原则，注意史料的真实性和准确性。地方史料卷帙浩繁，教师个人对其进行全面的收集，是很难做到的，因此搜集乡土史料的工作要有计划、有组织、有步骤地长期进行。在刚开始搞乡土历史教学的时候，可以先阅读一两本已出版的有代表性的地方史专著，以求对本地区历史有个大概的了解。在编写本地区的乡土历史教材时，可以先从某个历史专题入手，进行重点研究，进而逐渐展开，进行全面的搜集和编写；还可以通过集体的力量，搞校际联合，如本地区的几所中学里的历史教师采取分工合作的方法，对不同时期的历史或不同的历史专题分别进行材料搜集，然后再集中起来，共同研究讨论，一起来编写本地的乡土历史教材。发动学生进行调查，也是搜集的好办法。总之，只有在个人和集体的长期努力下，才能提高搜集乡土史料的效率和质量。同时，应当及时地对掌握的材料进行分门别类的整理，写成专题资料或文章并汇编成册。另外，还可以采用多媒体技术制作丰富多彩的影音资料并以现代互联网络这一载体进行成果展现。

四、乡土历史教材的运用

在既不影响正常的课堂教学，又能达到教育教学目的的情况下，如何更好地运用丰富的乡土史料，我认为可从以下几方面着手。

（一）课堂讲授是乡土教材教学的主要形式

可以结合课堂教学内容，适当地穿插一些乡土教育内容。

在结合统编历史教材进行教学时，有时教师虽未引用大量具体的史实，却仍有使学生兴趣盎然、倍感亲切的效果。如上海一位教师在讲“一・二八”抗战时，向学生展示《一・二八淞沪战役示意图》，除标出学生熟悉的地名和作战地点外，还在图上标了一个“○＋”符号，并指着“○＋”符号说：“这里就是我们的学校！”这时，学生的注意力高度集中起来，好像历史事件就发生在自己身边，深为自己父兄的英勇斗争而感到自豪，同时也痛恨日本侵略者的侵略行径，爱国主义的情感便油然而生。下面以顺德地区为例，看看历史教师在初中历史教学中运用乡土历史教材的情况。

表2　顺德地区初中历史教学中运用乡土历史教材的情况

教科书内容	乡土历史教材内容
原始人类	顺德第一批居民“南越”人
铁器与牛耕的推广使用	秦统一岭南后，促进顺德经济发展
两晋南北朝之后北方人口开始大量南迁	宋代江南移民的大量迁入，促进顺德经济、文化、社会等事业蓬勃发展
虎门销烟	顺德人梁廷枏协助林则徐禁烟抗英
鸦片战争的影响	顺德成为中国最早出现民族资本主义经济的地区之一
太平天国运动	顺德谭村人何六树起义响应
公车上书	顺德人麦孟华大力协助康有为，并协同梁启超主编《万国公报》《时务报》
兴中会、同盟会	九列协助孙中山成立兴中会、发动广州起义，并参与同盟会在顺德及周边发动反清起义
民族资本主义短暂的春天	顺德经济得到前所未有的发展
近代社会生活的变化	顺德近代社会生活受西方影响较大，在多方面融入了西方的文化与文明
中国共产党成立	伦教人冯菊坡成为中国最早的共产党员之一，1924年顺德成立党支部，1925年成立农民协会
1929年世界性经济危机爆发	顺德经济全面崩溃
抗日战争	1939年，日寇入侵顺德，顺德成立人民抗日游击队
新中国成立	1949年10月顺德解放，并迅速开展土地革命和镇压反革命运动，巩固新生政权
“大跃进”与“文化大革命”	顺德社会艰难发展
改革开放	创造了发展乡镇企业的“顺德模式”
邓小平南行	在顺德发表“发展就是硬道理”的著名论断

（二）开展丰富多彩的乡土历史第二课堂活动

这既可避免在课堂教学中乡土历史“喧宾夺主”的尴尬，又能增强第二课堂活动开展的可行性。新课标的历史教学打破了传统封闭式、单一式的教学，逐渐走向了新型的开放式、综合式教学，它的着眼点不在分数，而在于对学生能力的培养。

《新课程指南》着重培养学生归纳、比较、分析、综合、抽象、概括、参与、组织、探究等能力。促进学生全面发展，引导学生进行探究学习与合作学习，已成为新时期教学的重中之重。对此，我们可在陶行知先生“教学做三合一”理论和美国实用主义教育家杜威“教育即生活，生活离不开活动”理论的指导下，结合历史学科的特点开展丰富多彩的第二课堂活动。这些活动既弥补了“第一课堂”教学的不足，又培养了学生通过自己的实践活动获得直接经验，把书本知识运用到实践中去的能力。新的教学方式促进了学习方式的变革，寓教于乐，寓教育于活动中，有利于激发学生的兴趣，调动学生的学习主动性；有利于拓宽学生的知识面，提高实践能力；有利于显示学生的聪明才智，焕发创造的光彩。在阅读、说写、艺术、技能等各项活动中增强了历史教学的吸引力。具体的举措包括：历史模型制作、历史报制作、历史画配文、历史漫画创作；进行历史评论、讲历史故事、历史知识竞赛、历史诗词朗诵；参观考察，做小导游，并结合乡土历史，进行社会调查、历史习题设计，有计划地布置学生课外阅读或者上网搜集资料等活动。

总之，中学历史教学开设第二课堂既能够使学生从多种渠道接受各种历史信息，开阔视野，活跃思维，培养兴趣，也能巩固和加深所学的知识，促进学生全面发展，只要我们多动脑筋，挖掘潜力，历史教学第二课堂便能够开设，且能起到课堂教学无法替代的作用。

1. 乡土历史教材的直接运用

按照国家课程计划的总体安排，在学科总课时中留出适量课时安排乡土历史课程的教学，可以采用选修课形式，两周1课时。

2. 开展多种多样、生动活泼的户外教学活动

以下以顺德地区为例探讨开展乡土历史户外教学活动的具体操作策略。

（1）探究主题的选择与确立。

探究主题的来源可以是中学历史教材中有关内容的拓展和延伸，也可以是对校外乡土资源的关注和调查；可以是教师事先设计，让学生根据自己的实际能力、兴趣爱好自主选择，也可以是基于学生的兴趣和可操作性由教师引导学生自

主设计，师生共同审题、论证，最后由学生确定。根据顺德地区乡土资源的特点，可以探究的主题包括："动手画顺德导游图""你感兴趣的一位顺德历史人物""我读过的有关顺德的历史书籍""有关顺德的历史电视剧和电影"以及"顺德的乡土艺术"等。

（2）活动小组的确定与成员分工。

探究活动小组是利用乡土资源进行活动探究课实施的关键之一。活动小组的形式一般有两种：一种是相对固定的小组，教师应按照学生的知识基础、学习能力、性格特点等差异进行分组；另一种是临时组合的活动小组。

要有明确的角色定位和分工，小组内每一位学生都要担任一个职务，如善于管理的学生担任活动小组组长，善于与人交际的学生担任外交组长等。

（3）制订活动计划，讨论探究方案。

计划的制订要尽可能详尽、细致、周密。它可以分为探究目标、探究人员、探究过程、探究成果、探究保障和探究方式等几个部分。如"顺德方言的历史和现状"探究活动计划如下：

探究目标：了解顺德方言的形成和发展，感悟方言文化的特色，分析保护方言和推广普通话之间的关系，提出建设性建议和方案。

探究人员：确定每组的小组负责人、外交组长、资料组长、文字组长。

探究过程：

第一次活动：确定探究计划地点——班级教室；

第二次活动：实地收集资料地点——顺德博物馆、文化馆、档案馆、地方志办公室；

第三次活动：整理分析资料、小组讨论研究；

第四次活动：交流讨论，撰写调查报告。

探究成果：①顺德方言的形成和发展；②顺德方言的分类和分布状况（画出分布图）；③顺德方言的特点；④教你学顺德方言；⑤关于顺德方言引发的笑话和用顺德方言演唱歌曲；⑥推广普通话和保护好独有魅力的方言之间的关系；⑦保护方言的建议：申请国家非物质文化遗产、用传统的笔纸和现代化的电子手段记录方言。

探究保障：

文字材料：《顺德县志》中附录的方言词语；

交通工具：自行车、公交车；

探究方式：实地调查、查找网络资源、教师联系指导、家长支持配合。

（4）探究活动的具体实施。

认识和收集资料。教师应指导学生尽可能通过多种途径收集资料，如从图书馆的藏书、互联网、文化馆问卷调查中收集有关的资料等，使学生对资料的性质和收集资料的途径有初步的认识。

实地参观，观看展览。要做好参观前的准备：①要认真把握教科书的相关基础知识；②要向学生讲清楚本次活动的地点、参观目的和参观内容，提出在参观中应注意的事项；③要给学生讲清楚参观的先后顺序、重点和应注意的事项；④要让学生带着问题参观；⑤参观后要及时写参观记录和总结。

调查访问，查找史事。教师可指导学生设计调查问卷或走访有关人员来收集口述资料。

整理分析资料，撰写调查报告。实地参观调查活动回来后，教师要指导学生对所收集资料进行筛选，对记录的访谈内容进行整理分析，对回收的调查问卷进行统计分析等，写成相应的调查报告。

（5）活动成果展示。

学生在完成活动任务后，将其成果在全班或年级进行交流。交流方式可以有论文展示、知识竞赛、采访日记展示、历史小制作评比、办墙报比赛等。在成果展示过程中，要继续发挥学生的主体作用，最好由学生推举主持人，每组可选派代表发言，其他同学补充。

（6）乡土活动课的评价机制。

乡土历史活动课的评价要注意鼓励学生发挥自己的个性特长，还要注意评价主体的多元性，以及手段、方法的多样性。

教师评价时要注意两点：一是重视个人评价与小组评价相结合，二是重视活动过程评价与结果评价相结合。以下是本人在教学实践中采用的自评和小组互评表：

表3　自评和小组互评表

标准	参与性	创新性	态度	讨论交流	分工合作	活动成果	教师总评
自评							
小组互评							
教师总评							

注：好的打A，一般的打B，差的打C。研究成果可以是一篇小论文、一份采访记录、一组观察日记或调查报告等。

总之，乡土历史活动课是新课标中的亮点，我们要探讨正确、合理的方法来使我们的教学教导有方，使学生学之有效。通过在教学实践中的尝试，来深化历史教学改革。

3. 开展乡土历史课程资源专题讲座

此类讲座可结合历史纪念日或当前时事进行，也可以结合历史教材中某一具体的教学内容进行，如五四青年节讲“五四运动在顺德”，改革开放讲“改革开放与顺德发展”等。

此外，可以针对乡土历史课程资源开发与运用的相关问题适时培训，帮助教师掌握一定的开发与运用乡土知识与组织指导的能力。尽可能争取社会各界和上级主管部门的大力支持和配合，为乡土历史课程资源探究活动提供资金等必要的前提条件。

五、以乡土历史为主题开展的第二课堂活动——顺德县设立

（一）活动目标

（1）通过查阅顺德立县历史，适当拓展、延伸课外知识，了解顺德的发展历程。

（2）通过实地考察，锻炼学生考察、分析、研究等方面的能力，理论联系实践，进一步提高学生的学习兴趣。

（3）通过汇报的形式，培养学生收集、提取、整理有关信息资料的能力，提高学生的口头表达能力和集体合作的意识。

（二）活动准备

（1）把学生分为三组，布置各小组课前查阅顺德建立县制的历史。可在历史老师或长辈们的指导下进行。

（2）确定小组的组长（主持人）、汇报的同学、担任实地考察的同学。明确分工，做好各项准备工作。

（3）由综合素质较高的同学承担实地考察的工作，并在老师的指导下撰写实地考察报告，同时制作视频。

（三）活动过程

（1）导入：1452年，明王朝把南海县的东涌、马宁、西淋、鼎安4都27堡和新会县的白藤堡划出，设置新县，取“顺天明德”之意，命名“顺德”，意欲

此地百姓永作服服帖帖的“顺民”。为何朝廷要设立新县呢？为何朝廷要百姓永作“顺民”呢？让我们带着这些问题进行讨论，回溯历史，重温当年令人难忘的岁月。

（2）分组活动，由各小组组长组织本组人员讨论，然后每组由一位同学讲述本组的讨论结果。

（3）主持人将具有权威的史料派发给大家，并播放以实地考察照片为主体的视频，让同学们了解现阶段的情况。

（4）教师点评，肯定优点，指出不足，寄予希望。

六、乡土历史教学的注意事项与建议

在更好地运用丰富的乡土历史史料的同时，还必须注意运用过程中的相关问题，注意处理好与现行教材的关系，以及乡土历史教材的教学性、思想性、科学性和适用性。

（一）要注意与现行教材的有机融合

一般情况下，乡土历史课程资源应是学科教科书及教学内容的辅助性材料，历史教师应当注意正确处理乡土历史教材同教科书的关系，正确处理运用乡土历史教材同实现每一节课的教学目标的关系。要看到乡土历史教材只是教科书的补充，不能代替教科书。乡土历史教材如何运用，运用多少，都应服务于中学历史教学的总任务，服务于每一课的教学目标。因而不能喧宾夺主，防止其影响或打乱正常的课程计划，更不能把中国历史讲成某地的地方史。掌握特殊与一般相结合的原则，防止产生狭隘的家乡观念。运用乡土历史教材是为了让学生对历史现象产生亲切感，是为了帮助学生形成历史观念和历史概念，并对学生进行爱国主义教育。在讲述当地历史上经济、文化的成就时，应告诉学生这些成就是当时我国经济、文化成就的一部分；在讲述当地的革命斗争史迹时，应向学生说明这些斗争是当时全国革命斗争的一部分。

另外，乡土历史课程在课堂教学中的安排，也不一定总处于从属地位。在七年级第一学期，可以先从讲授家乡本土的历史入手，然后讲中国历史与文化，最后讲世界历史与文化。现今，世界不少国家的历史教学程序都从本地区讲起，从村、镇、县、市、省讲到国家，再讲到国外历史，如美国的历史与社会教学就是从州史学起。可见，乡土历史在历史教学中起着入门向导的作用。

（二）要注意发掘乡土历史教材的教学性和思想性

乡土历史的内容，不仅包括本地区的建置沿革、历史文化遗存、各时期重要的历史事件和历史人物，而且还要扩展到本地区的社会生活、风土民情、人口、环境资源、教育艺术、旅游与经济发展等内容，更应该包括在改革开放中为振兴地区经济做出重要贡献的乡镇企业家、改革家和英雄模范人物的创业史。一些有助于地区经济发展的工矿企业的发展史以及一些重要的自然与人文资源、历史故事与神话传说都是不可忽视的教学内容。

同时，乡土历史应不仅仅局限于对一般历史教学内容的补充和拓展，它还应对实现历史教育功能起到催化剂的作用，成为历史教学的导引。乡土历史的乡情性、亲切感，有利于帮助学生感受历史的真谛，有利于学生更好地理解历史。同时，学习乡土史有助于学生熟悉本地区的过去和现在，因而可充分利用乡土教材对学生进行思想教育，寓思想教育于历史教学之中，激发其热爱家乡进而热爱祖国的情怀，增强其建设家乡、献身祖国的历史使命感和责任感。另外，还可以结合对当地风土人情的介绍，开展发扬优良传统、移风易俗、破除迷信和落后习俗的教育。

（三）要注意鉴别乡土历史教材的科学性

一些年代久远的乡土史料往往和历史传说、神话故事混在一起。教师在运用乡土历史资料时，应该用历史唯物史论加以分析和鉴别，并给予历史唯物主义的阐释，不要把神话传说当成史实。例如，孟姜女哭倒长城这一传颂千古的历史传说，显然掺杂了一些迷信色彩。对此种传说，教师不妨加以解释，说明此传说虽然带着某些迷信色彩，但却从侧面反映了秦的暴政给劳动人民带来的深重苦难，也反映了当时人民不堪忍受压迫和奴役，而对统治者发出的愤怒的声讨和血泪的控诉。要正确地介绍本地区的社会发展情况，反映本地区的时代风貌，做到真实、准确，事实和观点与全国统编历史教材一致，并把家乡的局部和祖国的整体发展统一起来。

（四）要注意提高乡土历史教材的适用性

目前，人们对教育的关注度逐步增强，然而乡土历史教材在历史教学中的应用对学生的升学不能产生直接的效益，甚至对平时的期终测试也没有太大的帮助，因此，很难激发学生参与的积极性，也很难得到家长的认同。历史乡土课程资源又浩如烟海，若不经选择地推给学生，不但会增加学生的负担，起不到应有的教育成效，而且很可能会出现惨遭抵制的恶果。因此，要明确充分利用历史乡土课程资源的现实意义与教育价值，研究学生和社会发展的需要，提高课程资源的适用性。

综上所述，作为中学历史教学的重要组成部分，乡土历史教学是对统编历史教材的必要补充。通过开展乡土历史教学实践，探究家乡历史的丰富内涵，学生的个性得到了充分发展，学习能力得到了有效提高，爱家乡、爱祖国的情感得到了显著的升华。这些，都有利于我们的教学全面落实历史课程的“三维”目标，从根本上改变“教师为主体、书本为主体、知识为主体”的传统历史学科教学模式，树立以学生为主体的教学观，营造民主、和谐的教学氛围，最终达成教学目的。

音乐教育要以美启真

李　戟

任何教育都应该有明确的指向性。音乐教育要指向哪里，这对音乐教育工作者来说，是必须首先解决的问题。

李泽厚先生从历史本位论的角度谈到人的发展时，讲过这样的话："从现实说，历史发展到今天，今天的个体权益，特别是今后如何实现和发展个体所独具的潜能、才智、性格，已成为人之为人的所在，即今日成为人，也就是成为一个'自己'。"在这里，他强调人的发展的个体性和独特性。为了进一步阐明意思，他接着又说："今天中国人作为人必须从各种传统的、他属的束缚下尽可能地解放出来。虽然，人及其活动思想、情感等都始终是他所属的人际环境和历史传统下的产物，但今天不能因反对原子个人主义而退回到以'社群''人民''国家''阶级'或某种'新集体主义'为基础上去。相反，仍应进一步研究如何发展个体独特性，以此为根本基地，来考虑今后的集体（包括各种社群及民族、国家）走向和历史发展。"社会的发展和个人利益的突出，使教育回归到个人发展的基点上，这已成为未来人发展的大趋势，也就决定了我们所推行的"素质教育"必然走向个人个体独特性的培养上。我非常赞同他的观点，关注学生独特的个性发展是教育的真谛，这是教育所追求的"真"。

社会的进步源于社会的创造力，而社会的创造力关键又在个体偶发，即个体的自发变异致进化的必然。个体为适应环境所作的摸索、尝试、创造、改变，可以带来民族、国家乃至世界的革新和延续。作为艺术教育的音乐教育，在"个体偶发"的开放上，应该被赋予独特的功能，即"以美启真"。

李泽厚先生早就发现了"以美启真"的教育通径。他说："'以美启真'，可以成为对个体独特性的开发，亦即对人的自发性、偶然性的开放，这即是自由。尽管个体是历史的儿女，心理是文化积淀的产物，但由于个体由先天、后天的不同从而所积淀的文化成果有巨大差异，这种由个体承担的偶然性，便极具个别性、差异性、独特性、具体性和多元性，成为实践操作活动中和认识思维领域中创造性的真正源泉和动力。"

音乐教育是美感的获取，是审美收益。它跟道德教育不同。道德教育要求人主宰、控制自己的情绪和情感，以便于履行其义务和责任。它也与认知教学不同。认知教学是要求排除个人意志、情绪、情感的干扰，以达到认清事物本质和规律的目的。审美教育，理性可以无拘无束，感性也可以无拘无束，情智交融，相互激越，达到对事物和内心的领悟，丰富自身的感受，促进生命的体认。音乐教育是最让人感觉不到约束的教育，它可以让人享受到潜移默化的愉悦和融入教育的默契。

音乐教育的“以美启真”，自当从“美”着手。用于教育的音乐是美的。什么是美的音乐？这对于每个人来讲都是不同的，但中国十几岁的孩子，应该还是有较相同的取向。一是由于文化背景的一致。他们有着相同的民族文化心理和时代生活背景。作为中国人，就必然有中国人的国民性，那种渗入无意识中的文化心理，那种挣不脱、扔不掉的深层情理。试问那种“百姓日用而不知”的生活态度、思维定式和情感取向是什么呢？李泽厚先生用“乐感文化”和“实用理性”来概括，这是儒学“一个世界”的核心。重视人际关系、人世情感，感伤于生死无常，把生的意义寄托和归宿在人间；强调自强不息，韧性奋斗；赋于世界以情感，并以这种积极的情感来支持人生，这就是中国人的乐感文化。在此基础上形成了重实效、轻遐想，重包容、轻偏执的“实用理性”思维。我们民族的乐观处世精神和实用思想的优点非常明显，但反理性的炽热狂迷和盲目服从也成为致命伤。音乐教育的“以美启真”，就是既要有利于民族文化心理优点的保存，又要有益于民族文化心理缺点的改换。以此为出发点选择乐曲方是适合的、美的乐曲。二是由于学生的生理特点。我主张选择节奏上能让他们产生和谐共鸣的音乐。朱光潜先生在《从生理学观点谈美与美感》中说：“人用他的感觉器官和运动器官去应付审美对象时，如果对象所表现的节奏符合生理的自然节奏，人就感到和谐和愉快，否则就感到‘拗’或‘失调’，就不愉快。”节奏是人内心思想和情趣的传达。音乐是把想表达的思想和情趣通过音调和节奏表现出来，学生要能从中充分体验这种思想和情趣，才能产生共鸣。节奏感强的音乐比较适合学生们学习。三是由于学生受教心理的特点。音乐具有移情的作用，要想学生从音乐中收获更多有益的审美，就要选择那些能激活学生内心思想情趣并使之产生联想、到达内在模仿的音乐。

音乐教育“以美启真”，关键在如何“启”上。《中小学音乐课程标准（实验稿）》中指出：“音乐教育必须以审美为核心，使学习内容生动有趣、丰富多彩，有鲜明的时代感和民族性，引导学生主动参与音乐实践，尊重个体的不同音乐体验和学习方式，以提高学生主动的审美能力，发展学生的创造性思维，形成良好的人文素养。”这里讲明了“启”的基本途径。尊重个体是前提，在这样的前提下进行学习，才能保证教师引导的方向不会出错。引导得法，学习才有兴趣，学生才会主动。是主动选择的，不是被逼屈就的，学生的个性才能拥有发展的机会和空间。学生的个性发展了，他追求的东西就不同，他想的也不同，做的也不同。其中起决定作用的还是创造性思维和个人素养，因为我们知道创造性思维必须从人的个性中产生。

启而得法，是“以美启真”的最终保障。考虑到音乐欣赏水平的提高不是一蹴而就的，而要经过由表及里、由浅入深的过程，黄自先生提出了“感知外部音响—开展想象联想—得到情感共鸣—理解认识”的基本教学思路。这是符合认知规律的，当然值得肯定，但要视不同情况而定。假如有些音乐跟学生实际距离太远，先初步理解再感知行不行？我看也未尝不可。那么，就变成了“初步了解音乐背景—感知外部音响—开展想象联想—得到情感共鸣—加深理解认识”。假如有些音乐现实感强，很贴近学生的生活，音乐配上影视，一下就点燃了学生的情感，就不如听完之后畅谈感想来得直接。

无论是音乐欣赏还是学习演奏，兴趣的激发和保持是提高学习动力的有效方法。兴趣的激发，也许靠哄可以达到，但兴趣的保持，就必须建立在学生对乐器和音乐有好感、明白学习音乐的益处上，并且从获益中得到巩固。要让学生爱上音乐，更必须培养坚定的人生信仰，树立其高远的人生追求，进而逐渐强化其精神力量。

音乐学习的方法千千万，好的方法也无可计数。我认为，中学音乐多采用情境教学往往效果会好些。关于情境教学，我觉得也可以分一些层次，模仿或再现固有的情境是一层，模拟类似的情境是一层，创设新的情境是一层。一堂课里，若让学生从低一层进到高一层，就能明显觉察其效果，老师和学生都能感受出来，若进入某种专项学习，比较教学也是不错的选择。从同一题材选择不同的曲目进行比较，有益于区分不同音调、节奏、旋律的表达效果；同一曲目若用不同的乐器演奏，可以让学生从演奏效果中发现各种乐器的特点。根据学情和教学内容适时调整教法，有利于学生尝试各种各样的学法，提高学习的效果。

音乐是通向人心灵最好的艺术。现实中，音乐也得到社会的普遍喜爱。如何使美的艺术在教育中担当起更好的教育作用，这将是一个永续的话题。

英语“兵带兵”师徒合作学习模式初探

谢　端

一、师徒合作构想产生的背景

（一）我校实际状况

顺峰中学初一级的学生全走读，每位英语老师基本要带一百个学生。这种情况下要做到面面俱到，照顾到每一个学生，是不切实际的。但学生“培优扶困”的课后工作迫在眉睫，为了解决这个问题，我们采用“兵带兵”的学习模式，由一对一百的分散精力，变成一对一的集中精力，“扶困”力度就更有保证了。

（二）班上学生实际情况

班上的学生有两大特点：第一，两极分化现象明显，优等生和后进生差距悬殊。他们学习习惯不同，多数学生对英语学习存在着抵触情绪；他们的学习兴趣不同，优秀生和学困生之间的学习态度有明显的差距。这对开展正常的英语教学，提高每名学生的英语综合运用能力，增强学生对英语学习的兴趣产生了一定阻力。第二，中等生后劲不足，成绩徘徊不前。考虑到教学中的实际情况，找到一种既切合教学需要，又符合学生发展的教学手段，既减轻了学生的学习困难，提高学习水平，又增强学生的学习兴趣，增进同学之间的凝聚力和合作意识，是开展教育教学最先考虑的关键。开展“兵带兵”，优等生拉动中等生，中等生帮扶后进生的师徒合作具有现实意义。

（三）我校英语课题研究要求

最近，我们英语科组开展了以“初中英语教学中组织学生进行合作学习的研究”为主题的课题研究。在小组合作中，一般是4~6个学生组成一组，组内包含了优、中、差学生，在小组合作进行到了一定阶段，当中一部分慢慢学会了偷懒，在其中滥竽充数。整体的“热闹”场面掩盖了个别学生“旁观”冷场，这不利于老师了解每个学生真实的学习情况。因此，缩小合作范围，由4~6个学生合作，变成两个人的合作学习、一对一的合作方式更有针对性，因而我们便产生了师徒合作的构想。

二、师徒合作的理论角度及理论依据

（一）理论角度

1. 从教学中的组织形式角度

（1）全班教学。

这是目前学校教学中最基本的组织形式。捷克教育家夸美纽斯在17世纪提出来的班级授课制，一段时间内大大提高了教学效率，促进了学校的教学工作。但是各个学生的先天素质、教育影响和主观努力程度不同，同一个班级的学生在英语学习上也存在明显的知识水平、认知能力的差异，面对客观实际采用传统班级授课制的教学方法，很难顾及不同层面的学生。这就要求教师应从实际出发，面向全体学生因材施教，实施有差异的分组、分层教学，力求使不同层次的学生互相促进，共同发展，使差生不差，优生更优。师徒合作的分组就是在分层的原则上进行的合理分配，让优等生发挥其才能和优势，对差生进行一对一的“教学辅导”，在帮助差生扎实基础的同时，优等生的能力也得到提高，辅导讲解的过程就是语言输出的过程。

（2）班内个别教学。

采用班内个别教学，教师可以因人而异地给学生布置学习任务，并花一定的时间以一对一的形式给学生辅导。其特点是：在全班上课的基础上主要面向班上的差生或学习速度快的学生；教师给学生布置的学习任务以及教师进行的辅导必须以该生的学习准备、学习难点和性格特点为依据；教师的作用主要在于指导、帮助学生自学和独立钻研，但它“代价昂贵”。不过，如果老师不止一个，而是有多个“小老师”，就能使个别教学成为可能。一个小老师搭配一个学生，一对一地辅导，而且小老师和学生经常一起学习，课余接触的时间更多，对其辅导对象的性格特点、学习习惯等了如指掌，这样的一对一更有针对性。

2. 从政治角度

师徒合作，体现了“三权分立”的原则，下面我类比政治制度当中的三权分立，分析师徒合作中的“三权分立”的有效性。

三权分立亦称三权分治，是西方资本主义国家的基本政治制度的建制原则，是当前世界上资本主义国家广泛采用的一种民主政治思想。所谓三权分立，就是通过法律规定，将三种权力分别交给三个不同的国家机关执掌，既保持各自的权限，又相互制约。

三权分立作为一种民主制度，在教育当中也同样适用，教师管理学生要体现民主，要以学生为主体，但又不能采取放任的态度，而要适当地约束。

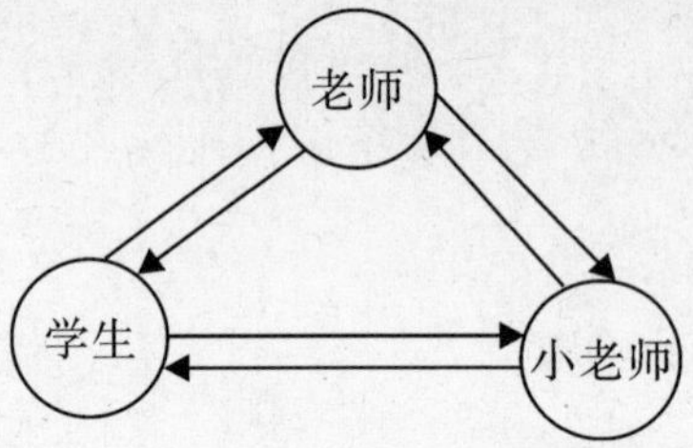

图1　教学中的“三权分立”

老师、学生和小老师之间有相互独立的权利，如老师有管理学生的权利；小老师有下达任务的权利，有针对自己辅导的学生适当增加或者减少任务的权利，不需要经过老师的管制，可以自由操控；学生有投诉小老师、自由发表言论的权利。但是这些权利也是互相制约的，三者互相监督，而且三者荣辱与共。

（二）理论依据

1. 掌握学习理论

布鲁姆认为，只要为学生提供足够的学习时间与适当的学习帮助，95%以上的学生都能够达到确定的教学目标，获得优异的学习成绩。在进行师徒合作的过程中，小老师的“教”就是要适应学生的“学”，老师为学生在课后提供足够的学习时间并且让小老师提供帮助，课后给学生一对一辅导，充分调动学生的主体作用，使他们在目标导向下主动学习，获得成功，得到激励。

2. 同伴教育理论

同伴教育理论告诉我们，同龄人的相互影响力大于任何一种说教。所谓同伴教育，是指使年龄相仿，知识背景、兴趣爱好相仿，或是由于某种原因而具有共同语言的人在一起分享信息、观念和行为技能，并实现教育目标的一种教育形式。

同伴教育能产生一定的影响力，其根本原因在于：①同伴之间的交流更加容易，各种行为更有亲和力，动作更易模仿，意见和建议更容易被采纳。②同伴之间年龄相仿，知识背景、兴趣爱好相仿，相互之间容易接纳。③同伴之间容易争强好胜，相互之间的心理暗示起着比较大的作用。

师徒合作学习，由于其知识背景和思维方向比较相近，因此由小老师进行讲解，更能让学生接受。而且通过同伴的影响，能取长补短。

三、师徒挑选原则

在师徒搭配问题上，老师若仅仅依据他们的分数来定，则会忽略了学生的主观方面的因素，出现“乱点鸳鸯”的错误搭配。经过不断地调整，我认为挑选师徒组合需要遵循以下原则：

（一）分层原则

为达到“先优带后优，缩小差距，共同进步”的目的，应按照分层原则，对学生和小老师进行合理的师徒搭配。A组的小老师和学生由低分线和中等线学生组成，B组的小老师和学生由及格线和优秀线学生组成。

（二）就近原则

在第一个分层原则的指导下挑选到小老师和学生以后，参照他们的座位表，在师徒搭配上，遵从“就近原则”，尽量为学生挑选在其旁边的那一位小老师。这样挑选的原因如下：第一，学生的自觉性比较差，需要旁边的小老师经常监督和时刻提醒。小老师在附近坐着，会对他形成压力，觉得似乎有个老师就在旁边监督着，同时这也方便小老师在上课时，随时提醒这类学生做笔记、认真听课等。第二，同伴的影响对初中生来说尤为重要。旁边小老师良好的学习习惯，能潜移默化地影响学生的行为。

（三）民主原则

以上两个原则都是考虑到客观因素，但也不能忽略了主观因素。因此，综合前面两个因素，还要考虑师徒的主观意愿、师徒之间的性格等问题。因此，在挑选完以后，老师要给同学们一个适应期。如果学生觉得不合适，甚至有互相排斥的现象，可以适当做出调整。遵从民主原则，更好地创造师徒合作愉快的良好条件，有利于师徒合作持续性发展。

（四）变化原则

随着学习的推进，我不断优化和调节学生“师徒”组合，适时地对小组成员和组内角色分配进行轮换，保证学生在互助合作时有机会充分展示自己。

四、小老师构想具体实施方案

（一）分组

以四条线为基准进行分组：低分线、及格线、中等线、优秀线。

首先我将班里的同学分成 A 组和 B 组，A 组由低分线和中等线学生组成，B 组由及格线和优秀线学生组成。

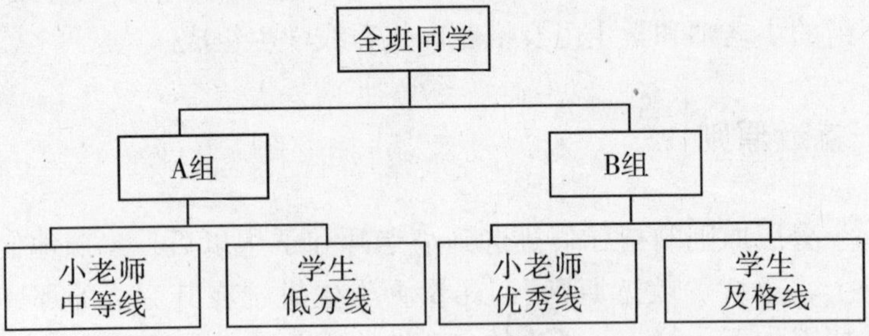

图 2　学生分组情况

（二）监督检查

每一位小老师和学生准备一本英语本，记录辅导内容。

每一天，小老师应按以下表格做好登记。

检查记录表

第　周					
	Monday	Tuesday	Wednesday	Thursday	Friday
背单词和短语					
笔记					

检查方式如下：

（1）每天第6节课前，小老师将表格交到监督员手中。

（2）每天第7节课前，监督员做好统计，将未完成任务的小老师和学生名单交到老师办公室。若有违规者，小老师和学生同时受到惩罚，并且学生还要抄写当天要背诵的单词、短语、笔记各5遍（抄在学生本上）并到老师办公室默写。

五、师徒合作存在的问题

（一）产生等级观念

“师徒”两个字，在学生看来，老师把他们分等级了。受中国传统思想影响，容易使小老师高高在上，非小老师的学生觉得自己矮人一截，从而产生自卑心理。

面对上述问题，我采取以下解决方法：

（1）让学生正确认识当下老师和学生的关系——平等。

（2）让学生明确师徒合作的意义是为了共同进步，取长补短；

（3）实行师徒轮换制度，作为学生，要树立“青出于蓝而胜于蓝”的目标；作为小老师，要有“可能会被学生超过”的压力，并且将压力转化为动力，从而不断地加强自己，提高自己，不断地使自身“增值”。

（二）师徒搞分裂，矛盾突出

小老师的身份毕竟是学生，他们在学生心目中的威信不高，只是“挂名”。对于一些叛逆的学生，小老师的话显得特别苍白无力。有的学生不但不配合小老师完成每天的任务，而且还故意和小老师“捉迷藏”。这样，小老师倍感受挫，对小老师的工作也失去了信心和激情。

面对上述问题，我采取以下解决方法：

（1）对于这类学生，首先安排一个同性的小老师给他，有利于小老师工作的实施。树立小老师的威信，给小老师更多的权利。

（2）长期性、反复性地教育，并且软硬措施双管齐下。

（3）适当地降低要求，使小老师和学生尽快获得成就感。

（三）奖惩机制

小老师和学生的“命运”是捆绑在一起的。一旦学生犯错，小老师也会受到惩罚。对于一些问题学生，小老师是难以控制的，因此经常不能顺利完成每天的任务。在这样的情况下，这些小老师心理上觉得不公平，一方面他觉得犯错的不是自己，而是他人；另一方面，小老师觉得这是自己的学生不好，而不是自己的能力不行，因此埋怨老师给其他小老师安排了好的学生，而给自己安排了差生。将问题归为外因，在他们看来，起点是不一样，因此过程也是不公平的。

面对上述问题，我采取以下解决方法：

（1）具体化奖励惩罚的机制。

（2）召开小老师经验传授大会，让小老师之间通过交流，学习更多有效地辅导学生的方法。

（3）注重过程性评价。特别是对于一些问题学生，如果小老师已经尽责地做了相关工作，尽管结果不佳，也应该给予好评。

（四）小老师不够负责

从“老师”的角度上说，有些小老师只是具备专业知识——英语知识，但不具备“教师道德素养”，对学生不负责。学生投诉小老师随便应付，得过且过。

面对上述问题，我采取以下解决方法：

（1）每个月评选负责任的小老师，并且奖励这批小老师。

（2）制定小老师违规制度，明确何种情况为“教学事故”。

六、结束语

开展英语“兵带兵”师徒合作学习模式，还只是一种探索，但这一尝试具有现实意义和可行性。它既能减轻老师“培优扶困”的负担，又能发挥优等生的资源优势，增强中等生的信心，促进及格生的进步，监督和落实低分学生有效学习，可谓一举多得。

勇于创新，共创幸福“和美”级组

——做一名智慧型年级组长

刘　曲

每天早上迈入学校大门，经过“手模墙”，看着自己和同事的手印，总有一种说不出来的感动。从当初的“拓荒牛”到如今的“和美顺峰家人”，感觉就是一次华丽的转身。有时一个转身，就能带给许多人幸福，而自己的一个正确的转身，就能改变自己一生的命运。在顺峰中学工作已经五年，做了一年的班主任，紧接着又做了四年的年级组长，在“和美育人”理念的熏陶下，我努力地让每一次华丽的转身，定格为书写幸福的新起点。今年我担任初二年级的年级组长，在制订年级新学期工作计划时，我三易其稿，最终将“和美初二，创新引领”定为新学期的主题。勇于创新，共创幸福级组，这难道不是每一位智慧型的年级组长的心声吗？做一名智慧型的年级组长，让创新引领我们年级的所有工作，让创新提高我们年级的幸福指数，这不正是“内和外美，心和行美”的境界所在吗？幸福级组，还需你我共创。

一、要建立科学、精细、符合年级实际的管理制度

一个有战斗力的年级，一定是以合理、科学的管理制度为依托的，这是年级管理工作的根本。我们年级在初一学生入校的时候就依据学校的育人目标，制定了年级常规管理工作的“一日常规”。级组工作的精细化管理要求学生从早读前进入教室至下午放学离开学校，每一个时段的日常学习行为都被规范和引导，让学生养成良好的学习习惯和生活习惯也一直是我们坚持“和美育人”的工作重点。年级的管理制度涵盖了文明礼仪、班容班貌、仪容仪表、卫生纪律、两操训练、食堂就餐、午休管理等主要的日常管理工作。各项评比制度的精细化、科学化为年级教师开展常规管理工作提供了有力的支撑。

当然，有了符合年级实际的制度还要能有效地执行。年级的管理也要人性化，要努力调动所有人的积极性。制度加上灵活性才能取得教育效果的最大化。

二、要有一支强有力的班主任队伍

创建“和美”校园、幸福级组的关键在于人。年级日常工作千头万绪，落实学校布置的各种教育教学任务，班主任队伍的建设是核心与关键。作为一名年级组长，本身也就是一个大班主任。谁都渴望学校能在班主任的配备方面给予支持，然而，由于学校办学时间不长，班主任的配备往往不能达到自己的期望值。这时候年级组长的作用更显得重要了。能分到优秀的班主任对于开展年级工作当然是最好的，不能分到有经验的优秀班主任，也要想办法让新老师和经验不足的班主任尽快成长，迅速适应新的岗位。在对新的班主任培训的过程中，年级组长要能准确地预见新班主任可能会面临的问题，并对可能出现的问题做出及时、正确的指引，从而避免经验不足的班主任走弯路。在每年的级组工作计划中，班主任队伍的建设一直是工作的重点。我们已经进行的尝试有以下几种：

第一，通过各种方式，深入了解各个班主任的特点和经历，根据班级教室的位置进行班主任的合理搭配。在每一楼层的四个班主任当中挑选一名经验相对丰富的班主任作为楼层的首席班主任，同时搭配一名新的班主任作为楼层重点帮扶班主任，这两个班的教室往往相邻，便于相互交流、分享和学习。这一做法，不仅是学校“师徒结对”工作的拓展，也是解决年级出现的班与班之间教育教学工作开展不平衡现象的有力措施。相互影响，相互学习，强化团队精神，才能共创年级的美好未来。

第二，成立初二年级教育教学“心灵鸡汤宣讲团”，聘请年级组内资深的优秀教师担任宣讲团成员，定期为班主任或者年轻教师开讲，以报告、讨论、沙龙、辩论赛等形式进行教育教学经验的分享和探讨。这一平台的搭建不仅帮助了新班主任的成长，还促进了年级“全员育人”工作的有效开展。“心灵鸡汤宣讲团”深受年轻教师喜欢，曾经有一位年轻教师说过：“参加一次活动就是读一本厚厚的书，一本饱含经验和人生阅历的书。”“心灵鸡汤宣讲团”的工作在我们年级已经取得了初步成效，得到了学校领导、师生和家长的认可。

第三，在家委会的支持下，年级设立“锐意创新奖”，对在特色打造方面有突出成绩的班级进行奖励，对善于运用新点子解决问题的班级进行奖励。初二年级的各项工作要创新的同时也要坚持不把简单的事情复杂化，坚持各项工作科学、实效、高效，坚持创新。创新不能增加教师和学生的日常负担，改革要提高教师和学生的幸福指数。

第四，加强对学生干部的培训，帮助班主任组建一支有战斗力的班委会骨干力量。教育教学的常规工作是我们年级工作的根本和基础，只有坚持不懈、齐心协力、突出重点，常规工作才能成为学校教育教学工作的有力保障。而这一工作的落实很大程度上就得依靠班委会的干部。初二年级不仅成立了年级的级委学生会，还定时间、有计划地对级委学生会干部的工作进行培训，并要求各班的级委学生会干部将良好的工作方法和工作态度带到年级的各个班级，促进自己所在班班委会管理能力的提升。这一措施有效地发挥了学生干部的主观能动性，还有效地减轻了班主任的负担。

三、要坚持科研引领

科研促教是教育教学改革工作的必经之路。顺峰中学的德育工作以学校省级德育课题为引领，学校鼓励年级教师，尤其是班主任、副班主任和学生家长参与学校德育课题研究，年级也是如此。一方面，我们年级坚持“和谐互助，师友合作”的教学改革步伐，摸着石头过河；另一方面，我们坚持“和谐互助，师友合作”的德育捆绑评价，坚持在常规管理方面为教学改革保驾护航。坚持科研引领，以课题研究为契机，促进高效课堂改革和德育工作创新是幸福级组的首要工作。

四、要处理好四种关系

年级作为学校上传下达的桥梁，处理好各种关系是必要的，也是合情合理的。幸福级组的创建要处理好四种关系：年级与学校处室的关系、年级与教师的关系、教师与学生的关系、年级与家长的关系。

尽管学校德育处是年级工作的直接司令部，但是教导处、总务处、办公室也会有许多的工作布置需要级组进行协调。很多时候，年级组长调侃说，年级工作就是打杂。几乎学校每个部门都会与年级组打交道，而年级又是教师们的一个小家，年级组长就像一个大家庭的家长，既是大家的倾诉对象，又是大家的精神支柱和集体代表。

良好的师生关系更是幸福级组创建的重要组成部分。和谐的师生关系更有利于激发学生学习的主动性和积极性，也更有利于营造温馨、平等的工作环境。年级组长往往在和年级后进生打交道方面有一技之长，在长时间的年级管理工作中，有很多宝贵的经历和处理突发事件的经验，也使得年级组长对特殊学生和特殊情况的处理游刃有余。年级与家长的关系也是不可忽视的，顺峰中学自创办以来就将家长、社会的满意和认同视为教育工作取得最大成功的标准之一。每一个年级都会成立相应的家委会。家委会成员会参与和监督年级工作的开展，并为年级工作提供各方面有力的支持。一个幸福的级组背后一定有一群幸福的家长。

五、年级组长要以身作则

作为幸福年级的召集人和引路人，以德治级才是管理好年级的根本。年级组长需要责任心强，教育教学能力突出，对年级管理工作有预见性，注重身教，工作勤奋，任劳任怨，能很好地带领年轻教师团结一心，勇于创新。年级组长还需要与时俱进，不断地提升自己年级管理工作的水平和能力。

年级组长往往要帮助班主任管理本班的问题学生。这项工作的开展，除了要求年级组长具有相当的实战经验和处理学生关系的技巧，还要求他们要拥有心理学、教育学的知识素养。

年级组长要能准确地预见每一时期的学生思想动态和工作重点，及时为班主任和年轻教师提供工作参考和建议，没有很强的观察力、记忆力和分析能力，是不可能很好地适应这份工作的。“不走寻常路”是年级组长个人魅力的集中体现，只有不断地创新，出奇制胜地解决一些难题，才能很好地凝聚年级的智慧和力量。

六、要注重年级文化建设

“后墙文化”一直是顺峰中学班级文化的特色和亮点。我们年级在后墙板报中充分利用班级文化栏展示班级特色文化。教室前门和后门也利用“门文化”对班级特色和亮点进行宣传和打造。顺峰中学“一班一特色”的活动在我们年级宣传和开展得如火如荼。年级办公室的走廊也利用起来，用于展示和宣传初二年级特色和亮点的相关资料。初二年级的“走廊文化”的布置方案也初见雏形，以“班级视窗”和“学科园地”两大板块为主，栏目有年级视窗、优秀人物事迹展示、学法指导、培优扶困之窗等。“走廊文化”布置计划在接下来的一个学期会开始实施。

除了开展上述工作之外，我们年级还在学校的网站上对外进行宣传报道，我们有年级的宣传员对年级的各项活动、新闻人物等进行宣传报道。全年级的教师和学生都可以做通讯报道的宣传员，全年级的重大活动、优秀事迹、新闻热点，各班的亮点和特色活动报道层出不穷。一切可以运用的宣传媒介都成了宣传我们年级文化和精神的有力工具，社会、学校、家长都能够在最短的时间内了解我们年级。宣传我们年级，让所有人知道我们初二年级的年级精神就是和谐、分享、互助和幸福。

在“和于心，美于行”的核心育人理念的指引下，“和美初二，创新引领”是我们坚定不移的选择。统筹协调，和谐关系，坚持创新，狠抓管理，不断加强队伍建设，做一名智慧型的年级组长是身为年级组长的我所追求的目标。智慧地完成年级组长的各项工作是非常具有挑战性的，汇集集体的智慧，在创新中共创幸福级组是我们的共同心愿。期待着在创建幸福级组的道路上能得到大家的热忱帮助。

“学案导学”的教学模式

韦淑艺

思想品德课程改革的深入，促使课堂教学大变革，要求课堂教学模式必须进行改革。如何构筑思想品德课新的课堂教学模式，是摆在我们面前的课题。但是，由于传统教学模式在相当一部分教师的头脑中根深蒂固，加之一些学校对思想品德学科教学的关注、重视程度不够，一些思想品德课堂教学中教师依然以“自我”为中心，以“讲解”为手段，以“教材”为唯一知识源，照本宣科、空洞说教，学生学习处于被动接受状态，从而使本学科教学缺乏实效性。美国华盛顿儿童博物馆内有句格言“I hear and I forget，I see and I remember，I do and I understand”（听过会忘记，看过能记住，做过才会了）。从思想品德教学的角度看，这是对践行道德之“行胜于言”的最好诠释。新课改下的思想品德大餐要能够“让学生学会学习，学会合作，倡导学生主动参与，在教学中尊重学生，凸显学生的主体地位”，在此过程中一定少不了“学案导学”这一美味佳肴的烹饪。

一、“学案导学”的内涵和目标

所谓“学案导学”教学模式，是指教师根据学生的认知水平、知识经验等编写的供学生课内自学用的书面的学习提纲。在教学过程中，教师为学生课堂学习设计的包括学习目标、学习内容、学习流程等内容的课堂学习活动方案，是师生共同教与学，同步操作的学习文本，是培养学生自主学习、建构知识能力的一种重要媒介，具有“导读、导听、导思、导做”的作用。在这种教学模式中，学生根据教师设计的导学案，认真阅读教材、了解教材内容、自主探究导学提纲中的问题，然后，根据学案要求完成相关内容。“学案导学、自主探究”的教学模式体现了在教中学、在学中教的理念，充分发挥了教师的主导作用，有效落实了学生的主体地位，有利于培养学生的自学能力、探究精神和科学的思维品质，同时也使教学有的放矢，取得较好效果。导学案是建立在学生自主学习的基础上，针对学生有效学习而开发的一种学习方案，它能让学生知道老师的授课目标、意图，让学生学习能有备而来，给学生以知情权、参与权。在教学过程中，教师扮演的不仅是组织者、引领者的角色，而且是整体活动进程的调节者和局部障碍排除者的角色。导学案的作用在于：可以指导预习，也可用于课堂教学，并且系统的导学案还是一份很好的学习资料。

二、“学案导学”的设计

在导学案的编写过程中，教师应把学习目标设计成学习方案交给学生，根据学生现有知识、自学能力水平和教学要求，参照各方面信息，编写出一整套学生自学的导学案，它的特点是：教师不再是课堂的领导者而是指导者，要具有预先性和指导性。

导学案的编写包括以下几个基本要素：学习目标、学习导航、学习任务、学习指引、总结与反思、作业与练习。可见，导学案本身就是一份引导探索性的自学提纲，其核心就是从学生的当前情况出发，在教师占有大量资料的前提下，把学生所要掌握的知识和能力精心设计成问题的形式来进行导学、导练、导结。与传统学案相比较，导学案着眼于学生的思维活动，以问题的形式安排学习任务，侧重于学生的“创造”，阅读后再经过思维的加工；而学案着眼于学生练习，以习题的形式呈现，侧重于学生的“拿来”，直接从教材中找答案。两者虽紧密联系，但在目标要求、课堂角色、教学方式方法等方面，却有着本质的不同。

三、“学案导学”教学模式的流程

“学案导学”的课堂流程包含几个基本环节：一是导学，教师利用导学案引导学生自主学习，在一个个问题的解决过程中培养学生的能力，激发学生的求知欲。要解决教师设计的问题不看书不行，看书不仔细也不行；光看书不思考不行，思考不深、不透也不行。学生也就能真正从教师设计的问题中找到解决问题的方法，学会看书，学会自学，通过课前自学对教材有一个初步了解，发现问题。二是探究，学生围绕“学案”进一步讨论交流，合作探究，解决核心问题，对一些简单、易懂的内容教师只需带过，而教学中的重点、难点问题则应引导学生展开讨论交流，形成共识。而学生在讨论中不能解决或存在的共性问题，教师应及时汇总，以便在精讲释疑时帮助学生解决；学生经过教师的适当点拨能解决的问题应尽量让学生自主解决，最大限度地发挥学生学习的积极性，培养学生的思维能力。三是检测，检测的设计应紧扣本节课的教学内容和能力培养目标及学生的认知水平进行。在检测问题设计时，应注意多设疑，在无疑—有疑—无疑的过程中，使学生由未知到有知、由浅入深、由表入里、由此入彼地掌握知识，增强学习能力。而后当堂进行达标测试，及时反馈，进行矫正和弥补，解决深层问题。检测的方法是灵活多样的，组内自检、组际互检、教师直检等，按效果任选；根据教学需要，可集中、可分散，可前、可中、可后。检测的时间一定要保证，不要走过场。四是总结，指导学生独立思考，对本节课的学习进行总结，并分享收获，可以从知识、情感、态度等方面谈收获，从而构建知识体系，掌握学习方法。五是拓展，布置与学习目标相一致，具有针对性、层次性的作业与练习，并对完成作业与练习的数量、质量、时间提出明确具体的要求。概括来说，“学案导学”是以导学案为载体，以导学为主线，以自主学习为主体活动，以合作探究、交流展示为特色，以教师的启迪引领为主，由师生共同合作完成教学任务的一种教学模式。

四、“学案导学”教学模式的应用

通过尝试，我对“学案导学”模式逐渐熟悉起来，慢慢发现了它的许多优点：①由于导学案课前就发到学生手中，学生可以按照上面的步骤进行预习或自主学习，这样教师讲授起来学生掌握的情况就比以前好，充分体现出教师的主导作用和学生的主体作用。②“学案导学”的设计站在学生的角度，注重发挥学生的主观能动性，体现学生的主体作用，使学生成为学习的主人，从而培养了学生自主学习的能力。教学中教师应该为学生创设一个展现自己的平台，让每一个学生都能得到发展。叶圣陶先生说过：“学习是学生自己的事，无论教师讲得多么好，不调动学生学习的积极性，不培养学生自我学习的能力，是无论如何也学不好的。”③“学案导学”中的拓展延伸环节打开了学生的视野，培养了学生的思维拓展能力。著名数学家波利亚说：“学习任何知识的最佳途径是由自己去发现，因为这种发现理解最深，也最容易掌握其中的规律、性质和联系。”在使用导学案的过程中，学生通过自己的努力找到知识点，可以体会到成功带给他们的愉悦感。

教学是一门有缺憾的艺术，任何一种形式的教学模式都存在着这样或那样的问题，在“学案导学”教学模式的实施中，我们遇到一些问题，如：有的老师上课时把导学案当成习题册，用导学案代替课堂教学，造成课堂上学生又进入题海战术，学习兴趣低落，学习能力没有显著提高；有的老师认为“导学案”中许多内容是安排学生自学的，课堂上应该讲的不讲，让学生去死啃，重学生的“学”，轻教师的“导”，从而导致教学没有达到预期的目标，也容易出现一些知识漏洞。导学案是学生自主学习的重要方式，“学案导学”教学过程中应把教师的“导”和学生的“学”贯穿于整个教学的始终，切忌顾此失彼，把整个课堂又变成教师的一言堂，或教师放任自流变成“放羊式”教学。“学案导学”的教学模式直接体现了教师由知识的传授者转向学习的参与者、指导者，变教师的单向传授为师生共同学习或双向交流，这样的教学方式需要教师具备更强的业务水平和严谨、敬业的精神。

总而言之，“学案导学”教学模式是一个系统工程。在理念层面，“学案导学”不仅是一种教学模式，更是一种教学理念，教师既要使学生获得积极探究真理的认知和思维能力的发展，又要培养学生的科学素养、道德信念以及正确的世界观、人生观、价值观。“要舍得给学生时间”就意味着我们要放得开，要提供适度的学习时间和空间，注重学生的体验，让学生经历知识形成过程；要充分相信学生，真正把学生放在课堂的中心，扎实地把“以学生为主体”的模式落实下去。

下　编
“和美”教育实践与反思

“太空之旅”主题探究活动

李　俊

“太空之旅”是一个历时两到三周的主题探究活动。这个主题探究活动包括“太空之旅开始”“空间站交流区”“空间站漫游区”“空间站活动区”“空间站工作区”“返回地球”六个功能各异的板块。“太空之旅开始”的“情景模拟”用录像资料将学习者带入茫茫太空；“空间站交流区”给学生提供一个自由提问的空间；“空间站漫游区”给学生提供一些相关的网站信息，帮助学生利用互联网查找资料，学生可以在相关网站进行“宇宙漫游”；“空间站活动区”部分的“太空影院”是一个由点击菜单自由出入的 Flash 视频电影，它为学习者提供了关于外星人、火星、宇宙黑洞等内容的影像资料；“空间站交流区”，在这里为学生提供一个生生之间、师生之间合作交流、共同探究的平台，并随时欢迎课堂外登录该网站的孩子加入讨论。此网页中的“未来天文学家发表宣言”部分也都以论坛的方式出现。完成本主题任务后播放“返回地球”录像，本次活动圆满结束。

一、教学目标

（一）知识目标

（1）熟练使用关键字上网搜索得到自己所需的资料，熟练使用论坛进行交流与学习。

（2）通过了解宇宙的一些基本情况，如太阳系八大行星概况以及人类的探索现状等，认识到“宇宙是无限的，人类对宇宙的认识也是无限的”。

（二）能力目标

（1）提高学生在网络环境中进行探究性学习的能力，能主动学习，又善于交流，认真听取别人的意见和看法。

（2）培养学生在网络环境中学习的习惯并提高操作能力，重点掌握上网搜索信息的技巧与使用论坛交流、学习的能力。

（3）通过模拟“太空之旅”等活动，提高学生的空间想象力。

（三）情感目标

（1）对学生进行网络使用的道德规范教育。

（2）培养学生学习天文知识和探索未知世界的兴趣，提高科学素养。

二、教学内容及重难点分析

“太空之旅”只凭想象，难点就在这里。怎样在学生面前展现出遥远而辽阔的无限宇宙，这一问题通过网络环境中的教学得到了最好的解决。茫茫宇宙，所涉及的内容太多、太广，我们将学习重点放在太阳系、人类最关注的火星和航天知识上。(各小组自行确定研究主题)

三、主题网站设计

（1）太空之旅开始（播放火箭发射、宇宙飞船游览太阳系八大行星的影片）。

（2）空间站交流区（活动交流的论坛）。

（3）空间站漫游区（老师提供的资源：太阳系、火星和航天等知识）。

（4）空间站活动区。

①游戏厅：太空鬼门关（有情景的太空知识过关大赛）、虚拟航天游戏（在虚拟环境中让学生学到有关航天的知识）。

②太空影院（观看有关太空知识的录像）：《火星之旅》《宇宙黑洞》《外星有人吗?》《月球上有生命吗?》。

（5）空间站工作区。

①小组讨论确定自己的研究主题，并发布在讨论区中。

②研究与探索。

③成果上传、展示与评价。

④未来天文学家发表宣言。

(6) 返回地球。

四、教学过程

(一) 创设情境，引入课题

师：同学们，在这半学期里我们学了很多网络知识，包括网络软件的运用，比如论坛、博客等。从这节课开始，我们就用我们刚学的知识来开展一个主题探究活动。(播放《中国航天事业发展历程回顾》视频)

师：同学们，刚才我们看完了《中国航天事业发展历程回顾》的视频，我们又知道，近段时间神舟八号和天宫一号已经成功进行两次交会对接，17号，神舟八号将返回地球。这些标志着我国已经掌握了空间站技术。中国人上太空之梦很快就会变成现实，想不想上太空旅行？好，老师已经为大家做好了神舟十三号，事不宜迟，现在马上就出发吧。

(二) 太空之旅，自由探索

1. 在交流区提出自己的问题

师：欢迎各位光临。请各位未来天文学家做好准备，下面我们要进行一次太空之旅。我们已进入火箭载人舱，请系好安全带，3、2、1，点火！(播放火箭发射、宇宙飞船遨游太阳系的视频，老师继续解说，带领学生进行“太空之旅”，主要介绍太阳系的概况。)

师：我们在我们美丽的家园——太阳系遨游了一周，现在到达了国际空间站稍作休息。刚才我们看了两个视频，同学们有疑问吗？

生：宇宙到底有多大？

……

师：现在就把你们的疑问发布在交流区吧。

2. 在漫游区开展自由探究活动

教师根据学生的问题发布情况，找出有代表性的问题进行展示。

师：多好的问题啊，下面就让我们进入漫游区，选择一个自己最想要研究的问题，自由地进行探索吧！

教师介绍自由探索的途径及方法：

（1）打开老师提供的资料，找到自己想要研究的问题的资料看。

（2）学生自己网上漫游（用老师提供的搜索引擎搜索）。

（3）进入“交流区”回答别人的问题，也可以提出新的问题。

学生自由探索，教师巡视，并在主机上了解学生情况并与他们进行交流，如：宇宙到底有多大？太阳系有哪些星体？人类能登上火星吗？你认为外星球会有智慧生命吗？另外鼓励学生不断提出新的问题，在交流区发表。

3. 在活动区开展生动活泼的活动

师：刚才同学们进行了一番自由的探索，现在我们到活动区活动活动怎么样？想玩游戏吗？

生：想。

师：下面老师就带大家玩玩太空鬼门关的游戏。不过太空鬼门关只欢迎有勇气和智慧的未来天文学家哟。

学生玩太空鬼门关的游戏（有情景的太空知识和上段时间学过的一些网络知识过关大赛，教师在主机上了解每一位学生的答题情况，并作统计）。

过关快的同学可以继续玩虚拟航天游戏并前往“太空影院”观看有关太空知识的录像。

4. 在工作区开展小组讨论活动

师：通过上面的学习，我们对太空和航天有了一个初步的了解，同学们也各自提出了自己的问题。下面以小组为单位，对各小组研究的问题进行讨论和汇总，确定各小组最想研究的一个主题，讨论确定后把它发表在讨论区里，标题格式为“第×小组的研究主题是……”

每个小组展示自己研究的主题，并简单说明自己小组为什么要研究这个主题。

（三）总结全课，鼓励学生继续探究

师：同学们，我们这节课很快就要结束了，但我们愉快的太空之旅还没结束，我们还要不断提高我们的网络运用技巧，在国际空间站工作区中继续研究和探索。也欢迎同学们课余时间多进这里来交流讨论，好好探究，努力学习，长大为祖国、为人类的航天事业做出贡献。

五、教学反思

（一）提出问题比解决问题更重要

爱因斯坦说“一个问题的提出往往比问题的结果更重要”，会提问题是科学素养一个很重要的方面。我们在教学中要尽量多引导学生发现问题，教师所应该做的不是自己提问而是创造条件启发学生提问。问题和知识总是不断递增，知识越丰富的人也就越能提出一些别人提不出来的更有价值的问题。基于此种理念，本课教学中“太空之旅”第一阶段学生通过影像资料获取了一部分知识，同时教师鼓励学生：“把你们此时所想要了解的新问题在交流区进行发表。”在“自由漫游”区部分又安排有“新题库”，给学生提供一个解决问题的同时又会产生新问题而继续提问的空间。这样有效地提高了学生提出问题、解决问题的能力。越来越多的新问题也更激发了他们进行太空探索的强烈欲望。该理念在教学中的体现方式为隐性。

（二）给学生足够的自由探究的时间和空间

作为一名主题性探究活动的教师，我一直遵循的一种教学思想就是必须在课堂上给学生足够的时间进行探究，期间尽量不打断他们的个性化活动。只有这样，他们的思维才能得到充分的发挥，他们对某个问题的深入研究才能真正得以实现。该理念在教学中的体现方式为显性。

（三）学生自主学习

在本课的教学过程中，教师只是以“未来天文学家”活动的一位组织者的身份出现，他的作用在于给学生营造学习情境、创造学习条件和鼓舞学习激情。至于学生会提出怎样的问题，会找哪些资料来看，教师可以任其发展，充分体现出网络教学中学生个性化学习的优势。该理念在教学中的体现方式为显性。

Teaching Plan for Unit 5 Why Do you like Pandas? Section A

梁全洪

<table>
<tr><td></td><td colspan="2">Unit 5 Why do you like pandas? Section A</td><td>Class type</td><td>Listening and speaking</td></tr>
<tr><td rowspan="4">教学
目标</td><td>Key words</td><td colspan="3">Animals：panda，elephant，lion，tiger，giraffe，koala
Description words：cute，smart，scary，beautiful，lazy
Degree adverb：really，very，kind of</td></tr>
<tr><td>Key structures</td><td colspan="3">Why do…?　　Where is/are…from?
Because…</td></tr>
<tr><td>Key grammars</td><td colspan="3">Why，what，where questions
Because…　　Adjectives of quality</td></tr>
<tr><td colspan="4">Learning aims：
①Know the meaning and usage of the new vocabulary.
②Improve listening ability.
③Know how to ask for the reason why people love animals.
④Express one's preferences on animals through pair conversation.</td></tr>
<tr><td>教学
重难点</td><td colspan="4">Phrases：kind of; South Africa　　Listening for specific information
Express one's preferences on animals</td></tr>
<tr><td>策略方法</td><td colspan="4">Pair supporting</td></tr>
<tr><td>课前预
习指导</td><td colspan="4">Preview the new vocabulary：Know the meaning and the pronunciation</td></tr>
<tr><td colspan="5">教　学　过　程
（Ts：学师　　As：学友）</td></tr>
<tr><td colspan="5">Step 1 Pre-listening</td></tr>
<tr><td rowspan="2">Vocabulary</td><td colspan="4">师友合作：Read the words in pairs　Ts：correct the pronunciation
师友呈现：Ts：read the Chinese　　As：read the English for twice</td></tr>
<tr><td colspan="4">教师点拨：①giraffe 的复数形式；②kind of，really，very 的意思；③South Africa 注意大写</td></tr>
</table>

（续上表）

Vocabulary game	Group activity：Stand up and read the words as soon as the word appears（English：Twice；Chinese：Once） Aim：Warm up the class and strengthen the pronunciation of the new words
Answers of handouts	师友合作：As：Read the answer　　Ts：correct and translate the sentences 师友呈现：As：read the sentences　　Ts：translate the sentences
	教师点拨：the kind of，live in，play with，black and white
How many animals do you know?	师友合作：Share the animals they wrote down in the handout 师友呈现：Group competition　As：read the words　Ts：spell and translate the words
	教师点拨：Encourage the students to say more words
Step 2　While-listening	
Match the words with the pictures	Ask the students to match the words and the picture as quickly as possible. The quickest group can get more points
Let's choose	Listen and choose the best answer 师友合作：As：read the answer　　Ts：translate the answer 师友呈现：read the sentences together
	教师点拨：Ask the students to pay attention to the adjectives
Let's practice	Use the words we learn in this unit to make a dialogue 师友合作：Ts：A　As：B　　师友呈现：Ts：A　As：B
	教师点拨：Ask the students to pay attention to "why" questions and how to answer
Let's complete	Listen and complete the dialogue 师友合作：As：Julie　Ts：John　　师友呈现：As：Julie　Ts：John
	教师点拨：what-why-where
Let's fill in the table	Listen and fill in the table 师友合作：As：ask　Ts：answer（学师要注意教会学友如何去问） 师友呈现：As：ask　Ts：answer
	教师点拨：How to ask one's preferences on animals

（续上表）

Step 3 Post-listening	
Read after recording	Whole class activity
Let's practice（5min）	Make a dialogue according to the table of the handout 师友合作：Ts：ask As：answer 师友呈现：Ts：ask As：answer
	教师点拨：keep encouraging the students and let them feel confident
Step 4 Summary	
Summary（3min）	师友合作：discuss the important words，phrases and sentence structures of this unit 师友呈现：学友先说，学师补充
	教师点拨：利用板书引导学生进行总结

记叙文写作训练教案

张金音

一、学习目标

回顾复习叙事六要素。

懂得叙事文章需交代清楚的几个记叙要素。（重点）

学会完整地记叙一件事情，情节处理得当。（难点）

师友组学法指导：

（1）学友回顾叙事六要素，明确六要素是叙事完整的基础。

（2）课前展示由学师重点指导事件的起因、经过、结果。

（3）叙事要完整则必须写清事情的起因、经过和结果；叙事要连贯，要有线索，思路才清晰。叙事的结构：顺叙、倒叙和插叙。叙事详略得当，中心才突出。

二、学习过程

课前预习（师友课前独立完成，课前展示 3 分钟）：

（1）自学课本的“写作导引”，勾画出叙事完整的注意点。（学师检查学友书上勾画的情况）

（2）总结记叙文写作需要注意的要点：核心事件，前因后果（或分支事件），人物性格与人物关系，矛盾冲突，叙事角度。

（3）做一做，我最棒。

根据“写作导引”，从《王几何》《走一步再走一步》《爸爸的花儿落了》中选出一篇，根据以下要素作分析（自己可以增设其他方面），领悟把事情叙述清楚要注意哪些问题。

以________________为例

线索：____
情节顺序：______________________________________
主要内容：______________________________________
六要素：_______________________________________
详细描写：______________________________________
刻画人物：______________________________________
其他：____

三、课前悟学

（1）要交代清楚事情发生的地点、时间；要把事情的前因后果和经过写明白。一件事，总离不开时间、地点、人物、事件、原因、结果这六个方面的内容，因此，只有把这些方面写清楚了，才能使别人明白你写了一件什么事。然而，交代这六个方面内容不应该呆板，要根据文章的需要灵活掌握。时间、地点也并不是非要直接点明不可的，有时候可以通过描述自然景物的特征及其变化，将它们间接表示出来，如“鸡喔喔叫了起来”就是指天将亮了，“西边的太阳就要落山了”指的是傍晚等。

（2）要把事情经过写具体，并做到重点突出。在记叙文六个方面的内容中，起因、经过和结果，是构成事情最主要的环节。为了把事情写得清楚、明白，在记叙中一定要写好事情的起因、经过和结果，特别要把事情的经过写具体，给人留下完整而深刻的印象。

（3）记叙的条理要清晰。一件事都有发生、发展和结果的过程，按照事情发展的顺叙记述，文章的条理就会清楚明白；按照倒叙记述，可以吸引读者；采用插叙记述，可以丰富内容，突出主旨。

四、课中自学

有这样一件事：前不久，为了能在“迎国庆歌咏比赛”上获得好成绩，某班班长决定利用假期时间进行集体练习，可是到了规定的练习时间，却左等右等就是不见本班同学集中到来。他百思不得其解，来到写通知的小黑板前，只见上面写道：

通　知

我班决定在本周末集中，请准时参加，不得有误！

班委会

9 月 23 日

这时班长才恍然大悟，原来问题出在这份通知上，因为通知上没有交代清楚集中的时间、地点、人物及内容。

五、课中议学

其实，我们写记叙文又何尝不需要交代清楚时间、地点、人物，事件的起因、经过、结果呢？今天我们就一起来探讨，如何清楚并合理地交代记叙的要素。

（1）叙事怎样才完整？

（2）只要具备六要素，文章就完整、精彩了吗？

明确：懂得叙事文章需交代清楚的六个要素；学会围绕中心，清楚写好一件事的记叙方法。

（3）阅读中探究：结合教材“写作导引”，完成“写作实践”练习，然后全班交流。

①六要素中，哪些是重点要素？关键是什么？

重点：时间、地点、人物，事情的起因、经过、结果。

关键：事情的经过。

②常见的叙事顺序有哪些？

顺叙、倒叙、插叙。

③你认为应如何安排文章的开头和结尾？文章的开头和结尾有何写作技巧？

首先，篇幅要短小、点题，并相互照应。

其次，使用恰当的修辞手法。

最后，结尾要深化中心。

六、课中悟学

大家一定要记住叙事六要素。文章要具体，主题才突出。

第一要素是时间，写清楚年、月、日、时；第二要素是地点，要写环境和处所；第三要素是人物，不写人物是糊涂；第四要素是原因，即事情发生的原因；第五要素是经过，写清楚来龙去脉；第六要素是结果，交代结局别含糊。

总结：我们在写记叙文时应该灵活地交代六要素，即时间、地点、人物，事件的起因、经过、结果。事情是由人在一定的时间、地点做出来的，事情本身有它的起因、经过和结果。所以在记叙事情的时候，要把事情的来龙去脉、前因后果交代清楚，也就是把时间、地点、人物，事情的起因、经过、结果写清楚。

《社戏》教学设计

李 娟

教学目标：有感情地朗读课文，概括文章内容，体会本文的人情美。

教学重难点：领会景物描写的特色，理解景物描写的作用；分析人物的性格特征。

策略方法：师友互助、师友自主讨论。

课前预习：查阅作者简介，疏通字词，熟读课文。

教学过程				
教学环节	教学内容	教师活动	学生活动	批注
交流感知	情境导入：播放一段社戏的视频	引导学生有目的地观看	观看影片	本文打算用三个课时，因为考虑到课文比较长，我们讲究整个文本阅读的连贯性，因此我用第一个课时完成交流感知部分，第二个课时完成研读共品部分，第三个课时完成巩固拓
	检查预习： 自主学习课前黑板板书； 学友强调应注意的字，学师补充应注意的字并带读	教师明确，并加以点拨	学师检查学友基础知识的掌握情况	
	以时间为序，文章可以划分为哪几个部分？简要概括各部分大意	第1～3段写在平桥村随母归省的生活； 第4～30段写在赵庄看戏的全过程； 第31～40段写看社戏后的余波	①自主学习：安静地默读课文，提取要点（8分钟） ②师友交流（3分钟） ③全班展示：学友先说，学师补充，其他师友补充（3分钟）	

（续上表）

教学过程				
教学环节	教学内容	教师活动	学生活动	批注
交流感知	“我”在平桥村有哪些乐事？写这些在平桥村的乐事有何作用	点拨：钓虾、放牛已是乐趣甚浓，“第一盼望”的“社戏”自是乐趣无穷；为看社戏作铺垫，吸引读者阅读	①自主学习：安静地默读课文，提取要点（2分钟） ②师友交流（2分钟） ③全班展示：学友先说，学师补充，其他师友补充（2分钟）	展以及课文回顾和反馈部分
	第二部分写赵庄看戏全过程，主要写了哪几件事	戏前波折（第4～9段） 月下归航（第10～13段） 船头看戏（第14～21段） 归航偷豆（第22～30段）	①自主学习：安静地默读课文，提取要点（4分钟） ②师友交流（2分钟） ③全班展示：学友先说，学师补充，其他师友补充（2分钟）	
研读共品	文似看山不喜平。作者在“看戏”这部分没有平铺直叙，而是写得起伏有致，譬如第一层就写了看戏前的三次波折、三次转机。请同学们在书上找出来，并思考这样写的好处	教师引导学生将阅读的重心围绕两个方面进行：①找出看戏前的波折和转机；②写看戏前的波折有什么作用	①自主阅读，归纳概括 ②师友交流 ③师友全班展示	

（续上表）

教学过程				
教学环节	教学内容	教师活动	学生活动	批注
研读共品	课文第11～13段是从哪些感官写景的？写出景物的什么特征？这些景物描写对表现文章中心思想起到什么作用	这些景物描写，为我们展示了一幅江南水乡所特有的清新优美的图景；写出了小朋友行船之快	学友朗读，学师指导学友赏析	
	“我”急切想看到的戏好看吗	引导学生从正面和侧面几个方面去感受那晚的戏到底好不好看	①学友可以找正面的，学师找侧面的； ②师友交流，全班展示	
	分析双喜、六一公公的人物形象	引导学生从人物的语言、动作、神态、心理等角度去品析人物的性格	①自主学习：安静地默读课文，提取要点（4分钟） ②师友交流（2分钟） ③全班展示：学友先说，学师补充，其他师友补充（2分钟）	
互助释疑	师友交流疑点，互相解答；解答不了的疑点，全班共同解决	掌握学情，及时解惑	师友交流，在班上提出自己解决不了的问题	尽量多让学生提疑点，让学生真正透彻地学好本文
巩固拓展	读后感《我看社戏中的戏》	引导学生多角度地理解阅读和欣赏文学作品	师友交流后，在全班选两个人将写得精彩的片段或者句子读给全班同学听	

（续上表）

教学过程				
教学环节	教学内容	教师活动	学生活动	批注
总结提高	师友讨论后，师生共同总结本节课的知识体系；学生谈收获	总结：本文通过童年时“我”和伙伴们在农村看社戏的事件，抒发了“我”对美好童年生活的怀念之情，从而表达了“我”对热忱、友好、平等、和谐的人际关系的向往。引导师友共同总结本节课的知识体系和收获	师友交流本节课在知识和心灵上的所得	

“立定三级蛙跳”教学设计

钟子顺

初中阶段，学生正处于身心快速发育成长的时期，《体育与健康课程标准》在“水平目标四”中提出，要通过各种形式的练习发展跳跃能力。立定三级蛙跳的方法是两脚平行站立于起跳线后，由半蹲姿势开始，双臂由后向前上方摆动，同时下肢用力蹬地跳出，腾空后收腹举腿，伸小腿落地屈膝缓冲，连续完成三次跳跃动作。其成绩是起跳线至最近端落地点之间的直线距离。立定三级蛙跳对发展学生的速度、力量、灵敏度、协调性等素质，特别是对发展下肢力量、保持身体协调有极大的实用性和实效性，是一项容易拿分的中考选考项目，并对必考项目200米跑有很好的辅助训练作用，可以在八年级推广学习。

为了提高学生学习兴趣，本课在实施中以不同游戏方式练习、学习立定三级蛙跳，减少学习的枯燥性。现在的学生大多数是独生子女，他们的团队合作能力与集体荣誉感比较欠缺，心理承受能力比较低，因此，运用游戏接力比赛的方式不仅能巩固技能，还能同时培养学生的合作能力和竞争意识，体现了我校“和美”教育的理念。

一、指导思想

依据新课程标准的要求，以促进学生身体、心理和社会适应能力整体健康水平的提高为目标，通过学习立定三级蛙跳，让学生学会一种运动技能，激发学生的运动兴趣，培养学生不断超越自我的品质、团结互助的集体主义精神及终身运动的意识。确保“健康第一”思想落到实处，使学生健康成长。

二、教学内容

（1）学习立定三级蛙跳。

（2）游戏：蛙跳往返接力比赛。

三、学情分析

本次授课的班级是八年级（16）班，其中男生 27 人，女生 20 人，平时学习纪律较好，身体素质一般。本课在教学中采用情境教学法，激发学生挑战困难的精神，使学生积极参与问题的解决过程，并发挥自己的潜能，积极主动地学习。

四、教学目标

通过教学让学生初步掌握立定三级蛙跳技术动作，逐步提高学生的跳跃能力；促进学生速度、力量、灵敏度、协调性的发展，并增强学生的弹跳力；培养学生勇敢、果断和克服困难等优良品质；培养学生团结合作的精神品质。

五、教学重难点

重点：双脚用力蹬地向前上方跳起，双脚连续同时起跳。

难点：蹬、摆协调用力配合，从两跳连接过渡到连续多次起跳。

六、教学方法设计

（1）本课开始安排了常规与创新结合的图形跑活动，活跃情绪，集中学生的注意力，启发学生的想象力，激发学习兴趣。

（2）采用游戏导入、讲解示范、练习交叉等教学手段，初步确立正确的技术动作概念，由易到难逐步进行立定三级蛙跳的教学，解决连续起跳这一技术重点，解决蹬、摆协调用力配合这一难点。

（3）学生分组进行练习，通过小组内的传、帮、带，充分发挥学生学习的主体作用。教师随堂指导，使条理更加清晰。

（4）用游戏教学充分激发学生兴趣，设计一定的情境，让学生体验运动的乐趣，以提高学生的练习兴趣。

（5）本课结束时跟着音乐做放松操，缓和情绪，达到生理上放松、心理上满足的状态。

七、教学步骤

课堂常规—慢跑（数字图形跑）—徒手操—游戏（夹球跳跃）—学习立定

三级蛙跳—分组练习—游戏（蛙跳往返接力）—放松、小结。

附：

顺德大良顺峰中学体育课教案

立定三级蛙跳（水平四）

第 1 节　执教老师：钟子顺　班级：八年级（16）班　人数：男27 人　女20 人

教学内容	①学习立定三级蛙跳； ②游戏：蛙跳往返接力比赛					
教学目标	①学习参与目标：让学生乐于参与体育活动，并能在活动中努力展示自我，体验成功和愉悦； ②运动技能目标：大部分学生能做到双脚用力蹬地向前上方跃起，并能够快速连续起跳； ③身体健康目标：发展学生的灵敏度、协调性和反应能力，提高跳跃能力，保持健康； ④社会适应目标：建立和谐的人际关系和培养学生良好的合作精神					
重难点	重点：双脚用力蹬地向前上方跳起；双脚连续同时起跳 难点：蹬、摆协调用力配合					
教学过程	时间	教学内容	目的要求	教学实施步骤		
				教师活动	学生活动	组织队形
开始部分	2分钟	①整队，检查人数； ②师生问好，宣布本课内容； ③安排见习生	明确本课学习内容和要求	讲解本课练习内容以及注意事项，提出练习要求和纪律安全要求等	体育委员整理队伍，报告人数	男女生分开，左右各4列横队 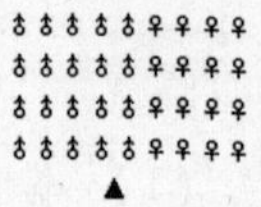
激情引入部分	3分钟	慢跑：数字图形跑 利用6个羽毛球场地模拟液晶显示屏的数字进行慢跑	以数字图形的形式体验跑步的乐趣，调节身体技能，达到上课的状态；要求：欢快而有序	以液晶显示数字为例子，讲解跑的路线；带领学生进行慢跑，并提问学生跑的数字	认真听讲，仔细观察	组织：学生排成一路纵队跟着体育老师进行慢跑 
	4分钟	做徒手操： ①头部运动； ②肩绕环； ③扩胸运动； ④体转运动； ⑤腹背运动；	让学生身体各关节充分活动舒展，为后面所学内容做好准备，避免受伤	领做徒手操	欢快主动地参与热身运动	学生4列横队体操队形散开 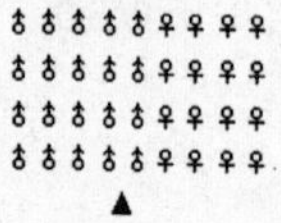

（续上表）

教学过程	时间	教学内容	目的要求	教学实施步骤		
				教师活动	学生活动	组织队形
激情引入部分		⑥弓步压腿 ⑦侧压腿 ⑧关节绕环	激发学生练习兴趣，为学习立定跳远技术动作作铺垫			
	3分钟	游戏：夹球跳跃	积极参与，团结合作	讲解游戏方法、规则和要求，并做示范	各小组齐心协力共同合作，相互鼓励同伴，积极参与游戏	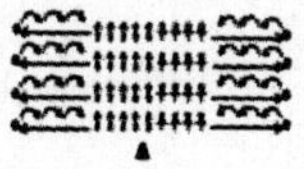
体验探索掌握	5分钟	学习立定三级蛙跳： ①原地练习摆臂； ②原地练习摆臂和膝关节曲伸的配合，脚跟提起； ③原地纵跳； ④原地纵跳两次后向前跳； ⑤完整立定三级蛙跳练习	分解教学，由易到难引导学生进行学习，提示学生把全部动作总结，最后由老师示范讲解； 让学生初步掌握立定三级蛙跳的动作	示范、讲解、提示、引导学生进行练习，巡视观察指导学生	认真听讲，仔细观察，主动练习，体会动作	体操队形，二、四排向右一步与一、三排错开 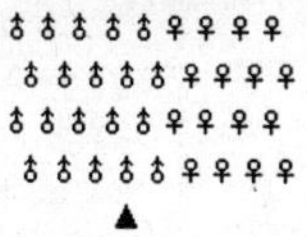
体验成果	15分钟	分组练习： 给学生划分场地，让学生自主探索练习	通过分组练习改进提高技术动作；教师巡视指导，主要解决快速连续起跳和蹬、摆协调用力配合的难点	巡视观察指导学生，并对错误动作进行纠正	遇到问题互相探讨，共同找对策解决问题；善于归纳、总结	分散在各个场地进行练习 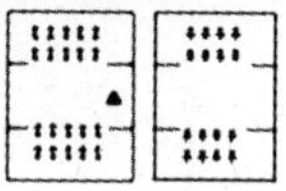
	8分钟	游戏：蛙跳往返接力	通过游戏加强快速连续起跳技术动作的形成；增强下肢力量，培养积极锻炼身体的意识和团结互助的集体主义精神	讲解游戏方法、规则、要求和锻炼价值，组织学生进行游戏	相互配合，积极参与游戏	学生分成四组进行 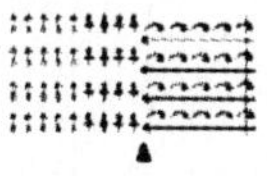

（续上表）

教学过程	时间	教学内容	目的要求	教学实施步骤		
				教师活动	学生活动	组织队形
身体健康	5分钟	做放松操； 小结，布置课外练习	让学生达到身心的放松； 动作到位，注意呼吸的配合	示范与提示引导学生练习	伴随优美的音乐主动放松练习	学生呈4列横队体操队形散开 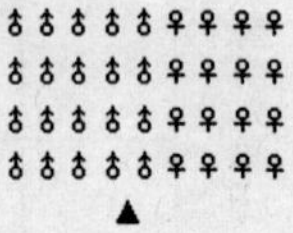
运动负荷生理曲线及平均心率				场地器材		
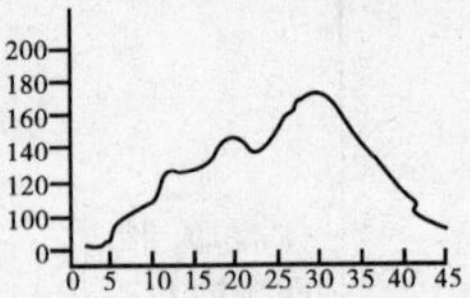		平均脉搏：140 ±5 练习密度：50% ±5%		场地：室内体育馆塑胶羽毛球场； 器材：8个排球、8个标志碟、1台录音机		
教学反思	本课以立定三级蛙跳动作的学习和练习贯穿课程始终，层次分明。教师能够灵活运用示范法、练习法、竞赛法、游戏法和自主创新练习法等多种教学方法来教学，培养和激发学生的学习兴趣和学习热情。以游戏“夹球跳跃”作为教学的铺垫，激发学习兴趣，自然诱导学生进入学习的主题。当学生初步掌握立定三级蛙跳的方法时，分组进行练习，让学生充分发挥各自的聪明才智，自主进行创新练习，让其在尝试中学习、在合作中学习、在交流中学习、在游戏中学习、在比赛中学习。这可以达到对立定三级蛙跳技术的巩固和延伸的效果，并且教会学生懂得学以致用的道理，最后以游戏“蛙跳往返接力”结束。这种形式很好地锻炼了学生的身体素质，把枯燥的力量练习变得生动有趣，整节课的气氛变得活跃又轻松，从而较好地实现了教学目标					

《羚羊木雕》语文教学设计

吴霜璐

<table>
<tr><td>课题</td><td colspan="2">羚羊木雕</td><td>课型</td><td>新授</td></tr>
<tr><td>学习内容简析</td><td colspan="4">结合文本积累小说文体知识，具体落实到梳理小说情节、品析人物形象和合作探讨主旨三个板块上</td></tr>
<tr><td>学情分析</td><td colspan="4">从知识掌握程度来看，学生有一定的字词基础，但对小说文体知识还不甚了解；
从学习能力来看，学生具有一定的阅读速度，但解读文章的能力还比较薄弱；
从心理特点来看，进入中学，由于学生的独立意识增强，自主决定的想法比较强烈，容易与文中的“我”产生共鸣</td></tr>
<tr><td rowspan="3">教学目标</td><td colspan="4">知识与能力：用圈点批注的方法勾画生字词及不同人物的语言，分析其心理变化，体会人物性格特点</td></tr>
<tr><td colspan="4">过程与方法：小组讨论、交流点拨、分角色表演</td></tr>
<tr><td colspan="4">情感态度与价值观：呼吁家长与孩子的双向理解——父母理解孩子对友情的重视，孩子理解父母的处理方式</td></tr>
<tr><td colspan="5">重点：品读人物语言，细致分析人物心理，概括人物性格特征，辩证地评价父母和“我”做法的对与错
难点：换位思考，就父母和“我”所做之事进行辩证思考和探讨</td></tr>
<tr><td>策略方法</td><td colspan="4">“和谐互助”教学模式、师友自主讨论教学法</td></tr>
<tr><td>课前预习</td><td colspan="4">查阅作者简介，疏通字词，熟读课文，整体感知课文</td></tr>
<tr><td colspan="5">教学过程</td></tr>
<tr><td>教学环节</td><td>教学内容</td><td>教师活动</td><td>学生活动</td><td>批注</td></tr>
<tr><td>课前导入</td><td>谈话导入：谈谈有没有送出或收到过别人的礼物，心情如何</td><td></td><td></td><td></td></tr>
</table>

（续上表）

教学过程				
教学环节	教学内容	教师活动	学生活动	批注
交流感知	①师友互相检查字、词等基础知识掌握情况 ②速读全文，师友交流概括文章的主要内容	确定答案	学师检查学友基础知识的掌握情况；速读全文，并概括文章的主要内容	师友都不明白的地方，可以请教其他师友
研读共品	①默读全文，思考围绕羚羊木雕发生了什么事情，再尝试用短语概括 ②通过概括明确线索 ③师友探讨并谈一谈读后感 ④细品人物性格：圈点勾画人物语言；分角色朗读，呈现朗读标准；学生点评朗读；点拨后情景表演；表演者解读所饰人物	总结概括要点："动词＋木雕"式短语 归结线索：围绕文章的主要内容寻找 教师总结：人物的概括要落实到文本中，结合人物语言、动作等描写来提炼	①学生默读全文，批注勾画关键词 ②师友交流 ③学生朗读并情景展示，通过品读和表演揣摩人物性格	
互助释疑	师友交流疑点，互相解答；解答不了的疑点，全班共同解决	掌握学情，及时解惑	师友交流，在班上提出解决不了的问题	尽量多让学生提疑点，让学生真正透彻地学好本文
巩固拓展	小组辩论："我"见好友喜欢便将爸爸送的羚羊木雕送给了她，妈妈获悉后逼我取了回来，违背了与好友当初的约定，文末提到"可是，这能全怪我吗"，那这件事怪爸妈还是怪"我"？	引导学生熟悉辩论的流程，选定辩论的选手，并让其陈述观点	小组合作，发散探究	对于积极发言的学生予以口头表扬

（续上表）

教学过程				
教学环节	教学内容	教师活动	学生活动	批注
总结提高	课堂小结：家庭成员相处方式，学生谈收获	总结：人与人之间，哪怕是家庭内部的成员之间，都应该及时沟通思想、交换看法，让我们多一点沟通与理解，少一点冲突和矛盾。师友共同总结本节课的知识体系；学生谈收获	获得肯定和鼓励	表扬课堂表现优秀的师友组

"Module 5　Cartoons" 教学设计

潘惠红

课文标题	Module 5　Cartoons	
单元名称	Unit 1 It's time to watch a cartoon	
教材版本	外语教学与研究出版社	
授课年级	八年级	
教学设计相关点分析		
教学目标	Key words and phrases	cartoon, handsome, smart, humorous, end in a happy way, fly through, climb up, can't help doing
	Key structures	It's time to do sth. Why don't we do sth.? What cartoons do/does...like? Why?... like/likes... Because...
	Learning aims for students: Learn and understand the new vocabulary and phrases in this unit. Improve listening ability by doing different listening exercise. Talk about cartoons using the key structure. — "What cartoons do you like? Why" — "I like...because..."	
教学重难点	Phrases: can't help doing;　It's time to do sth. Listening for specific information	
教学策略	采用"师友互助"教学模式。"师友互助"教学模式就是在课堂的教学组织过程中，采用把学生配对成"学师"与"学友"的方式，"学师"为学习成绩相对突出的学生，"学友"则为学习成绩相对滞后的学生，通过学师帮带学友，提高课堂的有效性及教学的针对性	
教材分析	这是八年级下册第五模块第一单元的听说课，模块主题是"动漫"，旨在让学生认识动漫文化以及了解世界各地的著名动画片，同时学会用目标语言与同伴交流自己喜欢的动画片，以及用作文形式来介绍。本单元重点在于激发学生学习兴趣，并且通过大量的听说训练提升学生的听说水平，在情境运用中达到对目标语言的掌握	

（续上表）

学情分析	学生已经在之前的学习中初步掌握了现在完成时，也掌握了一定的听力技巧，整体水平处于中等偏上。但学生之间差异较大，学师投入度较好，个别学友则相对滞后
课前预习指导	Preview the new vocabulary, pay attention to the phonetics Finish some prevision exercises in the handout
课时时长	45 分钟

课堂教学过程

（师友组—Support pair　Ts：学师— Tutor Student　　As：学友—Apprentice Student）

Step	Step aim	Students' activities	Teacher's activities	Time length
Lead in （4 min）	Promote the students' notice about the topic Raise the students' consciousness of cartoons Arouse student's interest in the topic	VCR-watch		1 min
		① Watch the VCR and tell what it is ②Give different ideas about cartoons	①Ask "What is it" before watching ②Free talk "Do you like cartoons? Why do you like them?" Collect students' answers	1 min
		③Watch the pictures and say aloud names of the cartoons	③Show some pictures about different cartoons and asks students to say them aloud	1 min
		④ Read aloud the learning objectives	④Lead in the unit title and the learning objectives	1 min
Vocabulary （10 min）	Improve the students' ability of pronouncing new words. Stimulate students' interest and memory of the target vocabulary Understand the usage of the target vocabulary	① The support pair read the new vocabulary, the Ts try to help the As if necessary	①Go around and help them if necessary	1 min
		② The support pair present the new vocabulary to the whole class in pairs	②Listen to the presentation and asses them	2 min

(续上表)

课堂教学过程				
(师友组—Support pair Ts:学师— Tutor Student As:学友—Apprentice Student)				
Step	Step aim	Students' activities	Teacher's activities	Time length
Vocabulary (10 min)		③A vocabulary game		2 min
		④ The support pair read aloud the sentences in the handout, at the same time the Ts should explain why	④Listen and asses them	3 min
		⑤Take down key notes	⑤Give key tips to help them understand the target vocabulary better. Tips: adj. + n. can't help doing It's time to do sth.	2 min
Listening practice (15 min)	① Improve the Ss' listening ability, get them to be more familiar with the listening skills ②Understand the target language better ③Raise the students' consciousness in answering questions in complete sentence ④Enhance Ss' confidence, espe-cially for the As	①Listen and number the key words in Act. 2		1 min
		② Listen and finish the listening exercise in Act. 2 in the handout.	②Collect the Ss' answers, explain the key phrases. Tips: end in a...way	2 min
		③ Listen to the dialogue (Act. 3) and fill in the table in the handout	③Before listening, emphasize some of the listening skills. Then let Ss listen to the dialogue twice, encourage them to get the key information	4 min
		④ Exchange answers with the partners	④Go around and help the students if necessary	2 min
		⑤ The support pair ask and answer questions about the dialogue according to the example given (As ask, Ts answer)	⑤Listen and asses them	4 min

(续上表)

课堂教学过程				
(师友组—Support pair Ts：学师— Tutor Student As：学友—Apprentice Student)				
Step	Step aim	Students' activities	Teacher's activities	Time length
Listening practice (15 min)		⑥Take down key notes	⑥ Give key tips to help them understand bctter Tips：fly through the sky/climb up — "What cartoons do you like? Why?" — "I like...because..."	2 min
Exploration (6 min)	①Improve Ss' ability of reading the whole passage and filling the words ② Arose Ss' interest and enforce their memory of the dialogue ③Train their oral and communicating skills	①Read the dialogue again. Finish Act. 4 page 35 in the SB	① Go around and help if necessary. Then, collect their answers	2 min
		②Enjoy the flash and read aloud the dialogue		2 min
		③Pair work：Talk about your favourite cartoon using the key structure：What cartoons do you like? Why? I like...because...	③ Go around and listen, help them if necessary	2 min
Consolidation (6 min)	①Consolidate the target vocabulary and structures ②Train Ss' ability of doing "完成句子"（佛山中考重点题型之一）	①Finish the exercises in the handout by oneself	Go around and check	3 min
		②Check the exercise in pairs(Ts should help the As and correct them if necessary)		2 min
		③Present the sentences in pairs	Listen and assess	2 min
Summary (3 min)	① Raise the Ss' consciousness in summarizing what they learn in the class ②Train the Ss' good learning habits	① Summarize what you learn in the class with the partner	①Go around and listen	1 min
		②One pair present	②Listen and assess	1 min
		③ Read aloud the key phrases and structures as a whole		1 min

（续上表）

课堂教学过程				
（师友组—Support pair　Ts：学师— Tutor Student　As：学友—Apprentice Student）				
Step	Step aim	Students' activities	Teacher's activities	Time length
Homework		Take down the homework		1 min
教学反思	整节课基本上能按照课堂设计的流程完成教学，学生的配合度及参与度也比较高，师友组的配合也比较顺畅，教师点拨到位，注重学生的课堂反应，学生对目标语言的掌握良好； 师友组的评价表格直观、实用，操作性强； 个别环节的时间把控需要注意，激励语言需要提升； 师友组要进一步加强培训； 导学案增加学法指导			

国粹京剧《卖水》教学设计

周　鑫

一、教学目标

知识与技能：结合京剧四功中的“唱、念、做”三个方面来学习京剧《卖水》片段。

过程与方法：通过欣赏、模仿、合作、体验来感受京剧表演形式中的“唱、念、做”。

情感态度与价值观：师生共同创设浓郁的京剧氛围，让学生了解和喜欢表演京剧，真正体现音乐教学中寓教于乐的特点，使学生热爱京剧艺术。

二、教学重难点

重点：结合京剧表演中的“唱、念、做”学习《卖水》片段。

难点：对京剧《卖水》片段的模仿，加入京腔的演唱与“做”的结合。

三、教学准备与教学课时

教学准备：多媒体课件。

教学课时：1 课时。

四、教学过程

1. 激发兴趣，导入新课

（1）视频欣赏《新贵妃醉酒》

本段音乐在唱腔上有何变化？你知道它属于什么艺术类型吗？（师生讨论）

（2）揭示课题——“国粹京剧”

①京剧简介。

②京剧的艺术特点：唱、念、做、打。

教师让学生欣赏京剧《拾玉镯》片段，了解京剧中的“做”。

学生简单模仿《拾玉镯》中哄鸡的动作，感受京剧中“做”的艺术魅力。

2. 初步感受，学唱新剧

(1) 欣赏京剧《卖水》选段

师：同学们，这个唱段分别表现了唱、念、做、打的哪几个方面？（讨论回答）

教师向学生介绍《卖水》选段的剧情和人物。

(2)“跨越时空的聚会”

师：今天，我们从现代穿越到古代去，让自己化身为京剧中的男女主人公，来一场跨越时空的聚会。

①学生用京剧中的念白打招呼。

②教师用女性念白并加动作，学生尝试用男性念白回答。

师：古代的男性非常儒雅、有礼貌。（教师示范男性打招呼的念白与动作，男生模仿）

③女生学习女性念白。

师：古代的女性非常含蓄，声音娇滴滴的，动作秀气。（教师示范，女生模仿。）

④女生用女性念白并加动作，男生用男性念白并加动作，相互打招呼。

⑤请学生上台展示。

3. 表现京剧艺术特点，深入教学

(1) 学唱《卖水》片段的第一段

①欣赏视频（第一段词）。

②看教师示范表演唱。

③学生跟教师分句学唱。教师指导学生，使其明白京剧中的“唱”与平时唱歌的不同（声音高亢、洪亮，字正腔圆）。

④女生表演唱。

⑤男生反串演唱。

师：请男同学来反串，感受一下古代的女孩子是如何爱美的。(学生模仿)

师：男同学反串可不要不好意思，我国著名的京剧四大名旦——梅兰芳、尚小云、程砚秋、荀慧生可都是男性，他们扮演女性比女性演得还好。请男同学大胆地表现。

⑥集体表演唱。

(2) 自主学习第二段念白

①欣赏视频。

②学生用京腔自主念词。

③学生完整表演《卖水》片段。

④男女生分角色合作表演。(女生问，男生答)

4. 表现与创造

再一次欣赏《卖水》片段，要求注意演员的动作与眼神。

(1) 教师向学生讲解京剧中的“唱”与平时唱歌的不同并指导动作及眼神。

(2) 学生用京腔自主加动作演唱。

(3) 学生创编动作与展示。

(4) 全班集体展示，然后男女生分角色从问好到《卖水》片段完整表演。

5. 小结

师：今天这一节课，我们与京剧中年轻、漂亮、活泼的梅英有了一个很开心的聚会，也体验了京剧中的唱、念、做。希望今后我们能用心去发现、去感受、去体验更多不同时代、不同类型的美的音乐，让音乐带给我们快乐。

6. 课后反思

这是一节戏曲课，整个设计有别于常规的戏曲教学，将整堂课融入京剧的古代情境中，激发学生的兴趣，同时在情境中感受、体验京剧的唱、念、做。整堂课气氛非常活跃，学生的参与度非常高。虽然所学唱段是花旦演唱的，对于男生来说有一定的挑战性，但通过这种情境教学，以及对京剧中“四大名旦”的简单介绍，使男生能够非常自如地参与演唱和表演。再加上现代音乐元素的融入，使学生的学习兴趣更为浓厚，并且在这种强烈的对比中，让学生深刻体会到京剧的特色，从而在学习京剧的唱、念、做时更加到位。

《亚洲》教学设计

朱元璋

“师友互助”和“五步十环节”是一股柔和而持久的东风，为学生的成长创造了良好的条件，在我校掀起了一场课堂教学改革的大风暴。“师友互助”课堂教学模式的本质，其实是自主学习、探究性学习、合作学习、分层次教学等多种教学模式有机地、创造性地整合。新授课、复习课、讲评课均实现了“五步十环节”活用的教育教学目标，学生从以个体学习为主转向了以互助学习为主，实现了理论与实践的最佳组合，实现了集体教学与个体教学相结合，实现了师友的共荣共进，教师的表扬赏识伴随始终，增强了学生的凝聚力和成就感。我们学校师友互助办学的花圃里，正绽放出越来越多的奇葩，而我校的各门学科正在这场东风中争奇斗艳，描绘着一幅优美的画卷，正是“满园花香关不住，鲜艳花朵处处开”。

一、基本设计

知识目标：使学生了解亚洲的位置、范围、各国国界划分以及地形、河流概况。

能力目标：

(1) 通过对亚洲的学习，使学生掌握认识大洲的基本方法，如学会读图描述大洲的地理位置特点；学会运用地形图和地形剖面图，描述某一区域的地势变化及地形分布特点；能够运用地图及有关资料归纳出各大洲的地形、气候、河流特点，并分析其相互关系。

(2) 通过地图和资料，让学生尝试从不同方面说明亚洲是“世界第一大洲”，启发学生发散思维。

(3) 通过小组合作学习的方式，培养学生的探究意识和与人合作解决问题的能力。

情感、态度培育目标：通过对亚洲自然风貌的学习，培养学生对大自然的热爱，增强对于我们生活的大洲的自豪感。

教学方法：谈话法、讨论法、启发法。

教具：挂图、地形名称卡片。

课时：1 课时。

教学重点：通过对亚洲的学习，使学生掌握认识大洲的基本方法。

教学难点：使学生学会正确描述大洲的地理位置特点，以及运用地形图和地形剖面图描述某一区域的地势变化及地形分布特点。

二、教学过程——五步十环节

1. 问题抢答

你知道世界上最大的大洲是哪一个吗？

你知道世界上人口最多的大洲是哪一个吗？

你知道世界陆地的最高点在哪吗？在哪一个大洲？

你知道世界陆地的最低点在哪吗？在哪一个大洲？

你知道中国在哪一个大洲吗？

以上所有的答案都是我们生活的这个大洲——亚洲。

2. 新课导入

从这节课开始，我们学习的对象将由上学期的通观全球转向我们周边地区的地理环境，从某一大洲，深入到某一政区，再具体到某一国家。那么，应从哪里入手来认识一个大洲或地区呢？

师友合作完成：我想去你家拜访，可我不认识路，你能为我描述一下你的家庭住址吗？

在这里，同学可以从以下几个方面描述：①你家门牌号码是多少？②你家周围有什么明显的地标？③你家的房子有什么特征？如：有多大？有多高？

其实，认识一个大洲，也和认识别人家一样，先要从“在哪里”入手，也就是明确位置，搞清楚范围、边界。

那么，应当如何描述亚洲在世界中的位置呢？其实这和描述同学家的住址也是一样的：亚洲所在的“街区”就是其在世界半球中的位置，亚洲的“门牌号码”就是其经纬度，亚洲的“邻居”就是其周边的大洲和大洋。

3. 读图

（1）读“亚洲在世界中的位置”图，描述亚洲在东西半球和南北半球中的位置（绝大部分在东半球、北半球）。

（2）读“亚洲的范围”图，找出亚洲的纬度位置。

（3）读图并回答：我们可以从哪些方面说明亚洲是世界第一大洲？

启发引导：

①计算：跨纬度数约92°（大部分在北半球，跨寒、温、热三带），地球上纬度相差1度，距离约110千米，则亚洲南北距离（10 120千米）；跨经度数约164°（大部分在东半球）；比较和其他大洲的东西距离。

②读“七大洲面积比较”图，说出亚洲面积是多少，相当于几个欧洲和南极洲面积之和？（三个欧洲和一个南极洲面积之和）

4. 小组合作

（1）扮演——亚洲的邻居（读“亚洲的范围”图）。

前后7人为一小组，以中心课桌为亚洲，确定教室的北方，请该课桌周边的同学依据地图，说明自己应扮演哪一大洲或哪一大洋，报出自己的方位，并按与亚洲的相邻关系调整前后左右的距离。

（2）由周边同学说出自己所扮演的大洲与亚洲的分界线。

亚欧分界：乌拉尔山—乌拉尔河—里海—大高加索山脉—黑海—土耳其海峡。

亚非分界：苏伊士运河。

亚北美分界：白令海峡。

（3）亚洲按照地理方位可以划分为六个区域。

读“亚洲地理分区”图，结合“亚洲地形、政区”图，回答问题：

① 新加坡、马来西亚、泰国属于亚洲的哪个地理分区？

② 世界第二人口大国——印度属于亚洲的哪个地理分区？

③ 阿富汗属于亚洲的哪个地理分区？

④ 北亚部分属于哪个国家的领土范围？

⑤ 哈萨克斯坦属于亚洲的哪个地理分区？

⑥ 中国属于亚洲的哪个地理分区？这个地理分区还包括哪些国家？

5. 承转

老师去家访，在确认了同学的家庭住址之后，就要进一步了解他家里的情况了。首先家里有什么呢？比如家里有几间房，院里有几口井，门前有几棵树——这叫自然情况；而家里有几口人，做什么工作，生活习惯和生活水平如何——这叫人文情况。

区域地理特征的学习通常也要分为自然和人文两方面。下面我们就要看看亚洲这里最重要的自然特征有哪些。（播放《亚洲雄风》歌曲，提问）从这首熟悉的歌曲里，你听到亚洲的大自然里有什么了吗？你感受到了亚洲的骄傲在哪里了吗？

老师指导：

①有什么地形、河流。

②地形图的阅读方法。地形图依据什么来分层设色的？每种颜色代表什么高度？（读“海深陆高表”）基本地形有哪五种？

6. *活动*

结合“亚洲地形、政区”图和阅读材料，全班分成两组进行一次亚洲之旅：

沿途说出你将经过哪些国家，哪些地形区，大致海拔高度是多少，有可能见到什么样的自然景观或哪些世界之最或亚洲之最。

（1）请一组同学沿东经 80 度，从北向南旅行，另一组同学沿北纬 30 度，从东向西旅行。（前后左右同学可“结伴而行”）请沿途记录所经国家、地形区，以及所见到的地貌环境和地形特征（地名、海拔、景观等）。

（2）每组学生依次上前指挂图描述所经地区名称、景观及海拔高度。全班对描述最全面、语言最流畅的同学予以掌声鼓励。

（3）“造型活动”。

教师课前准备好不同地区的名称卡片，平原、高原、山地分别采用不同的颜色，如绿色、红色、黄色。同学手拿卡片依次站成南北向和东西向两排，交叉成十字。（视教室空间情况而定，也可分别在讲台前一字排开，但应说明一组表示的是东西方向，另一组表示的是南北方向）教师提出“造型要求”：

各人以膝盖处为海平面，腰部为海拔 2 000 米，头部为 4 000 米，请同学将手中的地形卡片举放在最合适的位置。

提问：从同学们的描述及演示中，能得出亚洲地形大概有什么特点？（地形复杂多样，地势中间高，四周低）

同学们演示的地形高低起伏，即地势状况，大家一目了然。如科学的按垂直坐标和水平坐标标注在图上，就成为沿北纬 30 度和沿东经 80 度的地形剖面图。

提问：亚洲河流众多，依据以上特点，亚洲的河流大多应从哪个方位发源，流向哪里？（呈辐射状，由中心流向四周）

老师指导：

①地形大势：中部高，四周低，河流呈放射状。

②主要地形区：西西伯利亚平原、东北平原、华北平原、恒河平原、印度河平原、青藏高原、帕米尔高原、伊朗高原、德干高原。

③主要河流：

太平洋——长江、黄河、湄公河。

印度洋——印度河、恒河、伊洛瓦底江。

北冰洋——鄂毕河、叶尼塞河。

"和合"教学评价机制反思

曹庆玲

教学评价是教学活动不可缺少的一个基本环节，它在教学过程中发挥着多方面的作用，从整体上调节、控制着教学活动的进行，保证着教学活动向预定目标前进并最终达到该目标。

那什么是教学评价呢？所谓教学评价，主要指依据一定的客观标准，通过对各种测量数据和相关资料的收集，对教学活动及其效果进行客观衡量和科学判定的系统过程。据此可以看出，教学评价从本质上讲是一种对教学活动及其效果的价值判断。要很好地完成这一判断，得出科学结论，评价者必须在一定的客观标准下，认真地进行各种测量，系统地收集教学活动各方面的资料或证据。在这里，所谓测量是指评价者对评价对象进行的某种数量化的确定。测量的最基本特征是将事物进行区分，它只以数学方法对事物进行描述而不管其价值如何。而评价则要以这种描述为基础确定事物的价值，即根据测量结果对事物做出价值判断。例如，一个学生考试得了70分，这只是一个简单的测量结果，这个成绩表示什么意义，还需进一步判断，即给予评价。此外，与教学评价密切相关的另一个概念是测验。简单地说，测验就是引起某种行为的工具，是一种测量的工具或测量量表。在前面的例子中，考试就是一种测验，而考试的实施过程则是测量，对考试结果的分析评判是评价。测量、测验、评价是教学评价中经常使用的三个基本概念，搞清这几个概念的含义，有助于理解教学评价的基本意义。

一堂好课没有绝对的标准，但有一些基本的要求。就"和合"教学而言，一堂好课要达到的基本要求是：

1. 有意义

在这节课中，学生的学习是有意义的。初步的意义是他学到了新的知识；再进一步是锻炼了他的能力；再往前发展是在这个过程中有良好的、积极的情感体验，使他产生更进一步学习的强烈要求；再发展一步，他便会越来越主动地投入到学习中去。这样学习学生会学到新东西。学生上课，进来以前和出去的时候要有变化，没有变化就没有意义。一切都很顺，教师讲的东西学生都知道了，那何必再上这堂课呢？所以第一点是有意义，也就是说，它是一节扎实的课。

2. 有效率

表现在两个方面：一是从面上而言，这堂课下来，对全班学生中的多少学生是有效的，包括好的、中间的、困难的；二是效率的高低，有的高一些，有的低一些，但如果没有效率或者只是对少数学生有效率，那么这节课就不能算是比较好的课。从这个意义上说，一节充实的课所呈现的应该是这样一种状态：整个教学过程中，大家都有事情干，通过教师的教导，学生都发生了一些变化，整个课堂是充实的，能量是巨大的。

3. 有生成性

这节课不完全是预设的，而是在课堂中有教师和学生的真实的、情感的、智慧的、思维的、能力的投入，有互动的过程，气氛相当活跃。在这个过程中既有资源的生成，又有过程状态的生成，这样的课可称为丰实的课。

4. 有常态性

我们受公开课的影响太深，当有人听课的时候，容易出的毛病是准备过度。教师课前很辛苦，学生很兴奋，到了课堂上变成了将准备好的东西拿来表演，导致课堂上没有新的东西生成，只是将准备好的东西再现。当然，课前的准备有利于学生的学习。但课堂有它独特的价值，这个价值就在于它是公共的空间，这个空间需要有思维的碰撞、相应的讨论，最后在这个过程中师生生成许多新的东西。“新基础教育”反对借班上课，为了让大家淡化公开课的概念，至少不去说“公开课”，只有“研讨课”。不管谁坐在你的教室里，哪怕是部长，你都要心无旁骛，你是为孩子、为学生上课，不是给听课的领导上课，要“无他人”，所以我把这样的课称为平实的课（平平常常、实实在在的课）。这种课是平时都能上的课，而不是很多人帮你准备，然后才能上的课。

5. 有待完善的课

课不可能十全十美，十全十美的课作假的可能性很大。只要是真实的就是有缺憾的，有缺憾是真实的一个指标。公开课要上成没有一点点问题的课，那么这个预设的目标本身就是错误的，这样的预设给教师增加了很大的心理压力，然后作大量的准备，最后的效果反而出不了“彩”。生活中的课本来就是有缺憾的、有待完善的，这样的课称为真实的课。扎实、充实、丰实、平实、真实，说起来好像很容易，真正落实却很难，但正是在这样一个追求的过程中，我们教师的专业水平才能得到提高，心胸也变得博大起来，也才能够真正享受到教学作为一个创造过程的全部欢乐和智慧的体验！

教学评价能检验教学效果、诊断教学问题、提供反馈信息、引导教学方向和调控教学进程，是教育发展过程中不可缺少的一个环节，是有力推动教育改革发展的一个抓手。

“和美”师友互助课堂反思

严春花

一、师友互助教学模式中的观念转变

（一）精细化备课方面

（1）师友互助教学课堂设计理念的转变、教与学之间的转化体现在备课中，教师在设计过程中把自己放在初学者的地位去备课，这样的备课更有利于学生的学习。

（2）师友互助教学模式下的精细化备课过程中，教师会时刻关注六个细节，即目标达成、学法指导、学习要求、学师学友分工、学习评价、学习时间，时刻做到心中有学生与教材。

（3）师友互助教学模式中，每一页 PPT 课件的制作都会认真思考教与学的转化和目标达成的问题。

（4）导学案的制作过程中，教师会设计一个回顾导学案的时间，所以导学案都有学法指导、知识归纳总结、注意事项等，具有很强的保存价值。

（二）高效课堂实施方面

（1）师友互助课堂会注意五个落实：师友互助的次数落实（一节师友互助课师友互助的次数最少要有四次）、每次师友互助时间的落实、师友互助的行为落实、评价和激励的次数落实、导学提纲的步骤环节落实。

（2）师友互助课堂时间的有效控制：学生在展示过程中，对同一问题的展示最好不超过三次，学生展示过程中问题不对接时要及时制止，对问题进行再次分解或者进行学法的指导。

（3）课堂的追问：对即时产生的问题进行追问，追问过程中也有学生的独立思考、师友交流后的展示。

(4）在学生自主学习和交流的过程中，教师可以来回巡视，注意对学生进行有针对性的指导，包括对学困生的学习引导、对优等生的提高拓展，充分进行师生的互动与交流。

(5）教师的课堂激情、教师的学科素养与魅力，能够有效地吸引学生的注意力，让学生能够愉快上课。

二、师友互助教学模式探索过程中的困惑和行动

实践和学习反思，是一个漫长的过程，学生也只有在实践和学习反思中才能成长、提升和进步。教师应深化师友互助课堂教学，精细化备课（细化内容、任务、职责以及自学—交流—展示的内容和时间），课堂深入记录学生的学习、展示情况。为了鼓励学生的学习和展示，针对本校学生的特点，特制定适合本校学生的课堂评价制度，具体见下表：

初一（　）班地理师友互助课堂记录表（　　　周）

	1					2					3					4				
	举手	展示	倾听	补充质疑	违纪	举手	展示	倾听	补充质疑	违纪	举手	展示	倾听	补充质疑	违纪	举手	展示	倾听	补充质疑	违纪
1																				
2																				
3																				
4																				
5																				
6																				

注：举手 +1，展示 +4（声音 +1、速度 +1，学友 +1、学师 +1），倾听 +2，补充质疑 +2（学师、学友可单独计分），违纪 −3（违纪累积扣分超过 6 分者应写说明），根据班级情况具体再评选不同数量的优秀师友组和对落后师友组进行思想教育。

备课组方面继续推动和带动地理备课组对师友互助教学模式的探索。在备课组内进行学习分享活动，介绍师友互助教学模式的注意事项和一些高效课堂达成的小细节，能帮助学科老师提高课堂效率。在科组内上汇报课，也能营造热烈的师友互助课堂氛围。

学生能否踊跃展现，非展示师友能否认真倾听，学生能否迅速记忆、整理、质疑和补充，除了学生的行为习惯外，还必须有完善的评价体系支撑。

“师友互助”课改反思

胡　雁

课堂教学是实施教学的主要形式，是提高教育教学质量的关键，课堂教学改革是全面深化新课程改革的切入点和中心工作。为了促进课堂教学的高效化、优质化，提高教育教学质量，我校全面展开“师友互助”课堂教学模式，收到了良好效果。“师友互助”是一种学生和谐参与、互帮互助的新的教学策略。其建构必须以培养学生的自主感受、理解、欣赏、评价和学生的探究性学习和创造性学习为基础，必须体现学生、教师、文本之间的对话过程。

一、“师友互助”培养学生主动学习的习惯

“师友互助”课堂教学模式要求教师要敢于放手，以学生为主体，将时间还给学生，大部分时间让学生互助提高：要将学习权还给学生，让学生自己去发现问题、解决问题；要将话语权还给学生，让学生充分表达自己的真实想法，教师要学会倾听；要将探究权还给学生，尽量让学生享受探究的过程，这样有利于提高学生的思维深刻性，培养学生的探索精神和创新能力；要将教学权还给学生，在班里组成师友互助小组，首先是学友讲，如果学友遇到不会的问题，学师就负责把学友教会，如果学师也不会，先向其他学师请教，再教会自己的学友，如果学师们都不会，那么才由教师讲解。这样，通过学生帮助学生，兵带兵，亦师亦友，实现师友双赢。课堂上，教师以学定教，根据课堂上学生互助的具体学情进行点拨、引导，当学生遇到共性的问题时，教师才走向讲台讲解。“师友互助”的一个原则就是上课前先由学生自学，这就促使原来懒散的学生课前一定要预习，如果不预习，课上很难听懂学师讲什么，所以一定程度上就督促了学生养成主动学习的习惯。

二、学友学师互帮互助，激发上进的策略

实行“师友互助”课堂教学模式前首先要对学生进行集中培训。“师友互

助”课堂上，教师不但要面对全体学生教学，还要对“小学师”进行培训，让他们会讲、善讲，成为名副其实的老师。同时教师还要明确学师的权利和义务，更好地实行“兵教兵”策略。

1. 课堂培训

课堂培训分集体培训和个别培训两种情况。集体培训一般是教师示范，学生模仿，或者学生当堂讲题，其他同学补充、纠正、点评，统一认识后，再给自己的学友讲；个别培训是教师与学生一对一或一对多地进行培训。在学生互助学习过程中，教师要不停地巡视，或者参与学生的互助活动，了解学生如何讲题，方法、路子是否正确，发现问题，教师要及时纠正，并适时鼓励表扬，树立他们的自信心和荣誉感。

2. 课后专题培训

教师利用课间或其他时间对学生进行集体或个别培训，可以重点培训几个“高明”的学师，让他们在课堂上发挥更大的作用。通过“学生教学生”“学生练学生”，最终实现学生之间的双赢。老师在课堂上要善于鼓励和表扬，对学生的优点点评到位，使学生体验到成功的愉悦，课堂上一直处于亢奋状态。学友有了较大的进步，学师、学友都受奖，师友的合作意识增强了，互助学习也就更投入了。那些讲题水平高、责任心强、帮助学友进步大的学师成了“名师”。经过一段时间的坚持，班内就形成了“你追我赶”的热潮，学友争当学师，学师争当“名师”。学生的学习兴趣提高了，成绩就自然而然地提高了。

三、“师友互助”可以引导学生在讲解中学习和总结方法策略

“赠人玫瑰，手有余香”，学生在“和谐互助”的教与学的过程中，学师要教会学友，必须了解学友对知识的掌握情况，必须要“因材施教”，这就使得学师必须在自身理解知识的同时，努力提高自己的语言表达能力。学友也要把自己的问题准确地转达给学师，以便于学师讲解。师徒在交流中互助，在互助中交流，在相互尊重中共同学习，共同提高。在日积月累的互助学习中，学生的表达、倾听等能力得到不同程度的提高。这种“师友互助”的课堂教学策略，有效克服了传统班级授课的弊端，巧妙地将孔子教学相长的思想应用于师友合作互助学习中，将个别教学与集体教学有效结合，充分调动了学生学习的主动性、积极性。“师友互助”动态课堂极大地调动了师友学习的积极性和参与度，课堂上最大限度地减少了学习的旁观者，实现了师友双赢。

当然，课改推进到现在，还有很多困惑，因为随着学习的不断深入，学生两极分化的现象愈发明显。我们尝试过 A－C、B－D 的师友组合，A－C 效果较好，

但B－D的学友学习基础、学习习惯都较差，学师在师友互助过程中就显得吃力；如果是A－D、B－C的师友组合，B－C效果较好，但A－D的学师、学友水平差距过大，师友互助就变成了学师的单方面付出，学师没能帮助学友提高成绩，自身也缺乏成就感，收效甚微。

因为学生两极分化，加上对“师友互助”课堂的新鲜感逐渐淡去，学生在课堂上参与热情降低，不愿展示，不能很好地配合教师的活动。那么，怎样让学生的热情持续高涨，就成为一个问题。而且课堂教学时间紧、任务重，师友合作往往匆忙讨论、匆忙展示，学生从师友互助中得到的东西少而肤浅。怎样更好地设计师友互助的学习内容和次数，让学生真正学有所获，又是一个亟待解决的问题。

不过既然选择了就应风雨兼程，以后我打算在以下几个方面继续努力：①做好课前准备。充分了解学生的认知能力，优化师友组合，注意优势互补，便于学生互相促进。精心备课，通过设计问题引导学生拓展思维，激发学生的创造力，活跃课堂气氛。②对学生进行及时的评价，以促进竞争和转化，对学生的自学、师友互助、全班交流展示进行口头或加分、物质奖励等。③通过多种活动来激发学生的潜能。

浅谈“师友互助”在数学教学中的应用

洪勇强

作为一名青年教师，由于缺乏经验，课堂教学往往容易讲得太多，忽视学生的自主学习，这使我在很长一段时间里因无法调动学生课堂学习的积极性而倍感郁闷。“师友互助”这一全新教学模式的出现，让我眼前一亮，这不正是解决这一难题的“良药”吗？下面，我将结合平时的教学实践，谈一谈对这一教学模式的见解和做法。

一、预习——前置性学习，发挥学生学习的主动性

夸美纽斯说：“一切后教的知识都要根据先教的知识，即理解新知识需要旧知识作基础。”因此，每节课前我都会为学生设计简单易行的预习作业。预习作业分为两项：第一项为复习旧知，第二项为预习新知。

例如，在讲“平行四边形的性质”这一课时，我设计了以下预习作业：

（一）复习旧知

（1）平行四边形有什么特点？如何画平行四边形？

（2）中心对称图形有哪些性质？

（二）预习新知

1. 剪一剪

用卡纸剪一个平行四边形，探究这个平行四边形有什么性质，写出你发现的所有结论：

（1）____________________

（2）____________________

2. 做一做

利用所剪的平行四边形探究：平行四边形是中心对称图形吗？如果是，你能找到它的对称中心吗？请动手操作一下。

3. 议一议

根据中心对称的性质，我们还发现：平行四边形的______和______相等。

4. 证一证

（1）证明定理的基本步骤有哪些？

（2）请证明“议一议”中你发现的结论。

二、上课——交流互动，展现学生主体地位

（一）预习交流，让课堂质朴而高效

在每堂课的教学中，我首先让学生根据预习作业回顾预习的知识，然后师友之间相互交流。此时的交流有两个目的：一是学师检查学友的预习情况，二是师友间共同解决预习时存留的疑难问题。师友间解决不了的就放到小组中探讨，小组中也解决不了的就放到课堂中与老师一起探讨。

（二）互动点拨，让课堂焕发异彩

课堂互动点拨主要体现在两个环节：一个是学生小组内交流，另一个则是在全班进行交流。

例如，在讲“条形统计图的制作”这节课时，学生需要制作“第一小组同学一分钟仰卧起坐的个数统计图”，讨论单位长度为多少比较合适时，我分别走访了几个小组，在听取同学们的想法之后，进行了适当的点拨。一个小组选择2作为单位长度，但是，刚标完纵轴就马上擦掉了，我便问：“为什么擦掉呢？”

这个同学抬起头对我说：“郑永做了28个仰卧起坐，是做得最少的，而用2作单位长度，纵轴到18就标满了，连最小的数都放不下。”

“所以这个单位长度怎么样呢？”

“太小了。”

“确定单位长度要注意什么呢？”

“要能够放下所有的数据。”

在走访另一个小组时，他们选择的单位长度是10，我对他们说：“还能不能用其他的单位长度呢？”他们说：“还可以用5、7、15、20……”“那你们可以选

择一个比 10 小的，再选择一个比 10 大的单位长度试一试，看看用哪个更合适，然后总结出确定单位长度的方法。”

在互动点拨这一环节中，我根据学生在预习中暴露出的问题和交流展示中反应的共性问题进行有针对性的点拨，运用质疑、反问、创设情境等方式激发学生的学习热情，调动学生学习的自主性和创造性，让课堂在交流、展示、研讨中焕发异样的光彩。

（三）练习——分层要求，发挥小老师的指导作用

课堂练习是数学教学的重要组成部分，是学生掌握知识、形成技能、挖掘创新潜能的重要手段，是教师了解学生对知识掌握情况的重要途径，也是充分发挥小老师帮、教、带的最好时机。因此，在每堂课的教学中，我都精心设计练习题，并分层要求，以达到差生吃饱、优秀生吃好、中等生跳一跳摘到桃子的目的。

三、评价由表层向深层转变

课堂上有效的评价语言犹如冬日里的阳光，能改善课堂教学气氛，提高课堂教学效率，有时甚至能影响学生一生的发展，而师友之间的互评则能够促进彼此认真倾听、深入思考、合作交流习惯的养成。因此，在教学中我非常重视同学间的互评。

（一）由批评式到鼓励式

每堂课我都进行示范性评价，并针对同学们的评价语进行点评，使同学们认识到评价要做到三个层次：首先应该表扬对方的优点，其次是委婉地指出对方的不足，最后是对不完善的地方进行补充。

（二）由敷衍到真诚

很多小老师一上来就是“我的学友声音很洪亮，回答得很好，我没有补充”，而这些评价语往往与事实相违背。针对这种状况，我往往让几个同学针对一个同学的回答进行反复评价，并对每一个同学的评价语进行点评，让大家能够博采众长。

（三）由表及里的飞跃

为了提高同学们评价的全面性和深入性，我专门对小老师进行了评价语的培训，要求他们不仅仅从声音的大小、结果的正确与否两方面进行评价，还可以从合作过程中学友的学习态度、回答问题语言的逻辑性、思路的清晰度等方面进行评价。

四、循序渐进地进行师友的转化

（一）小老师们的困惑

有的小老师认为自己除了要完成学习任务，还要帮助学友学好，怕任务太重了，影响了自己的学习。为了消除小老师们的担忧与顾虑，我对他们进行了如下的教育：

1. 思想教育——为互助扫清障碍

每星期我都会给学生讲雷锋和其他助人为乐的典范故事，在同学间掀起助人为乐的热潮，为师友互助扫清思想上的障碍。同时，当学友有了点滴进步时，在激励学友的基础上，我还会大力地表扬学师，让学师也感受到成功的喜悦。

2. 方法指导——为师友互助奠定基础

很多同学都是“茶壶里煮饺子——有货倒不出来”，自己清清楚楚，就是不知道怎么给别人讲清楚。为了帮助小老师克服这个困难，每讲一种类型的知识，我都进行培训，教给他们讲解的方法。如，计算题如何讲解算理和算法，应用题怎样讲清楚分析思路，图形题怎样结合公式解答等。

（二）学友的自卑

成为学友，使很多同学产生了自卑心理：是不是自己的成绩不够好？是不是自己永远属于落后的那个群体？为了消除学友的自卑心理，在教学中，我通常采取互评互助的形式，尽量减少区别对待，保护好学生的自尊心。课堂上我还采用捆绑式的评价，即师友一耻俱耻、一荣俱荣，有了小师傅的指导和帮助，学友不再是孤军奋战，小师傅成了他们同一战壕中的战友，他们能成为彼此的强大合作伙伴，他们的信心与日俱增，自卑心理则日渐减少。

"线的魅力"评析与反思

王　静

如今教育界掀起了一股教学改革新风——建设高效课堂。起初大家考虑到实际的种种情况，对之抱着怀疑的态度、看热闹的心态，觉得它也许又只是一个噱头而已，一阵风吹过后还是风平浪静。不过也有成功的学校案例，我觉得可以大胆地尝试一下，凡事不破不立。再转念一想，美术课不应该受这些因素的影响，它一不用考试排名，二不用过多考虑学生的层次，因为它的内容非常主观，能和自己的生活感悟联系起来，容易理解即可。作为青少年，学生们不但要掌握科学知识，而且要懂得艺术，因为艺术不仅能帮助人们认识世界，而且能鼓舞人们改造世界，去创造美好生活。马克思就曾说过，社会的进步就是人类对美的追求的结晶。下面我以"线的魅力"为课题谈谈我对高效课堂的看法。

一、教学情况

（一）基本情况

教学目标：

（1）感受线条的种类与各种画法。

（2）认识视觉艺术、自然以及音乐作品中富有情感的线条。

（3）体验线条与心情变化之间的联系，学会用线条来表现心情。

（4）认识心情是可以转化调控的，学会控制自己的心情。

教学重点：体验各种物体中的线条对情感的表达。

教学难点：用线条表现内心的情感。

教学课时：1 课时。

材料准备：音乐、图片、白纸、绘图工具。

教学方法：探究法、欣赏法。

学习方法：讨论法、练习法。

（二）教学过程

1. 游戏线条

请学生参与游戏，引出线的不同形态。

2. 欣赏名作

（1）欣赏毕加索的绘画作品，理解绘画中线条对人物情感的表达。

①《梦》：幸福、甜美、愉快、轻松……

②《哭泣的女人》：悲伤、痛苦、恐惧、紧张……

（2）理解线条的不同组合对表达情感的作用。

①《梦》：以舒展的、疏松的线条组合来表达轻松、愉快的情感。

②《哭泣的女人》：以紧凑的、密集的线条组合来表达紧张、痛苦的情感。

（3）认识中国艺术品中的线及自然界中的线条所寄予的情感。

彩陶纹样、书法作品、中国画作品……

3. 聆音识画

（1）体会音乐的情感，找到相匹配的画面。

（2）线条、情感、音乐的关系。

4. 聆音绘乐

聆听乐曲后，请同学们用恰当的线与线的组合表现音乐里的节奏韵律与情感，这节课完成画稿的设计，下节课填色，可以是黑白或彩色画，看看哪些同学表现得最出色。

5. 读心论画

请学生谈一谈自己是怎样用线条表现歌曲情感的。大家可用掌声来为作品打分，掌声越热烈说明画得越好。

6. 画语心结

生活中除了绘画艺术能影响心情变化，大自然中富有情感的线条，如闪电、雨丝、夕阳、水波纹、落叶等也都能引起人的情绪变化，希望大家能适当调节控制情绪，每天拥有一个轻松愉快的好心情。

二、小结评析

这是一堂将音乐和美术相结合的美术课堂新探索。说它“新”其实也不新，因为美术与音乐本来就有很多共同点。它们是相通的，因为它们的美都来自作品的节奏、韵律、意境，都是为了表达作者内心的情感以及对生活的感悟。

在课程设计中，首先我让学生随意画不同形态的线条，并说说这些线条反映的情绪特征，这是学生对线条的一个初步感受，既活跃了课堂气氛，又能快速发现、总结生活中丰富多彩的线条和情绪的关系。为了让学生更清楚地理解抽象的线条对情感的表达，使之变得可感可触，我选用了西方绘画大师毕加索的两幅作品《梦》和《哭泣的女人》让学生进行赏析并讨论，通过绘画作品里夸张、概括的人物艺术形象来感受画面传递的情绪，理解作为绘画构成元素之一的线条的表现力。学生在这个部分很准确地捕捉到了知识信息点，总结出了线的不同形态对画面氛围塑造的作用，于是，线条和绘画艺术的联系就建立了。

接下来要加入音乐的元素。为了让学生理解音乐的节奏韵律与美术的线条之间的情感表达关系，我选了《北京喜讯到边寨》《玫瑰人生》《流浪者之歌》三首音乐作品让学生聆听，三张黑白构成的画面让学生边听音乐边欣赏，并将这些音乐和与它具有相同意境的黑白线构成的作品相匹配。学生在听音乐的过程中，身体随着节奏时而左右摇摆，时而静穆沉思，他们已经听懂了音乐，三幅画中线的造型也使画面情感基调明确。这个环节使学生把相对抽象的听觉感受与直观的视觉感受顺利连接起来，为后面学生听音乐创作打下基础。

表格是其他学科用来总结的常用方法，美术教学也可以用用。音乐节奏—线条质感—情感体验—联想回忆，通过表格形式，所有的问题都清晰了，联想回忆使画面有了表现的素材，创作起来就不难了。

三、反思

美术教学作为素质教育课程，本身是愉快而轻松的，但轻松不等于清闲，愉快不等于无序、随意，它还需要美学的理论来支撑，否则就变成了涂鸦。中学阶段已经不是涂鸦期了，中学生已经有了较强的观察力，具备了对美的独特感受力，有了初步的设计意识。教师应该继续培养他们这方面的能力。本节课在启发和引导方面我做了很多安排，也达到了预期效果，学生也感受到了音乐和美术的乐趣与联系，线的情感表达的创作设计画面效果也不错。不足的是，在知识的探究部分，学生们的竞争合作意识不够，部分学生依赖心较强，坐等答案；在绘画创作部分，有些学生比较胆小，画画时不够自信，边画边擦，最后什么也没留下。日后，在课堂小组合作和绘画工具的要求上我还要寻找新方法，还要不断改进，才能做到真正的高效。

我看“和美”

——来自学生的声音

一

时光飞逝，转眼我就在顺峰中学上了三年学了。顺峰中学一直以“和而美”“和而不同”为办学理念，经过三年的磨炼，我懂得了什么叫“和而美”“和而不同”，也让我知道，在这里，就如仙境般，没有一丝黑暗之气！

再过三十多天，我就要离开这所仙境般的学校了，这里有我和同学们的三年的回忆，有我和老师们的回忆，这里的一草一木都仿佛充满了回忆，我怎么舍得离开呢？

记得三年前，学校还是这间学校，可我却并非现在的我。进来上学前，我是不愿意的，因为这里没有我的朋友圈，没有我熟悉的老师，没有我熟悉的课桌。可是，你看，我还不是习惯了吗？老师同学都是和和美美的，没有一丝黑暗之气，我因我能进如此之好的学校而自豪！日后想起这么“和美”的学校，也会有一种无比的自豪感！

谢谢你，顺峰中学！你给我的不只是学习上的帮助，更是人格上的培养。作为顺峰学子，我得到了很大很大的教育，谢谢你！

还记得每天的晨跑，我们全班都沐浴在阳光下，奋勇前进，在每一条跑道上挥洒着汗水，日后若能再想起，这便是最美的记忆吧！虽然当时很不解，为什么学校要让我们这么受苦？可当体育成绩出来的时候，我泛起泪光、扬起嘴角，喜极而泣。真的！到那时我才明白当初的汗水是没白流的，当初学校的决定是对的。日后若能再回学校还要再去跑道上跑个癫狂！找回这三年在学校的回忆！

其实在我心里，顺峰中学不只是一间学校，更是一个大家庭，老师和同学都和和美美，就像家人。我爱顺峰中学！

初三（5）班　冼尧莹

二

什么是“和美”？换作以前，“和美”二字，在我的理解里，便只是“和平”与“完美”——“和平”这个词注定了与我没有一丝联系，而“完美”对于我也只是一种妄想。然而，进入顺峰大家庭后，我对“和美”这个词的理解开始慢慢扩展、深化，顺峰中学更是透过校园生活中的一点一滴向我诠释“和美”实际就是“和谐”与“美好”。

那是一个烈阳当空的正午，我拖着大病过后疲倦的身子来到顺峰中学报到。资料上初识顺峰，顺峰的办学特色“和美”二字就让我费解不已，然而仅仅是踏进顺峰第一步的一个抬头，这所学校便给我留下了深刻的印象——在明媚阳光的照耀下，顺峰中学生动活泼的吉祥物“和和”“美美”对着我伸出友善之手，带我逐渐走向顺峰的“和美之路”。

随行老师贴心地介绍着顺峰每个角落。向左看，独具匠心的教师手模墙散发着桃李芬芳；向右走，在林荫小道上，路过的学长学姐们不时点头向我这个“新兵”微笑问好，洋溢着青春的笑容给我疲乏的身体注入了能量，引导我将顺峰和谐友爱的师生氛围代入“和美”二字中。

而就在我撑着虚弱的身体上学的第一天，我便初步领悟到了顺峰的与众不同，融入于顺峰大家庭每一个人身上所具有的“和美”之情中。顺峰中学独特的教学方式悄然改变着沉闷的课堂，“师友”组合为同学们之间的友谊添砖加瓦，一种互帮互助的氛围在一个新的集体里洋溢起来。

“你怎么啦？脸色怎么有点白？要我帮你去打点热水吗？”我的同桌关切地问我。换作其他人，一定以为我们相识已久，出乎意料的是，这仅仅是我们相识的第一天。“不用了，谢谢，我休息一下就好了，刚刚我们讲到哪里了？”顺峰中学带给我们许多惊喜，我们热切地交流着所见到的每一处意想不到的角落里的美景。桂和园里的木棉、小道旁芳香的白玉兰、操场旁大量的蒲公英……就这样，明明只是第一天，我们相互之间已通过这样的话题打开了心灵之门，敞开心扉接纳着周围的人，微笑挂在每一个人的脸上。不只是我们班，我们这层楼、我们这届初入顺峰的青涩学子都绽开了笑颜，嬉笑打闹的声音仅仅是第一天就回响在教学楼中。“和美”包容着整个校园，接纳着每一位学生，“和美”之花在我们心底绽放，点缀着我们因顺峰而美好的青春。

如今，我们已在顺峰温暖的怀抱中度过了两年时光，顺峰的一花一草、一丘一壑、一人一事都与我们共进退。桂和园的木棉开了又落，不变的是粗壮的树干，那是顺峰坚实而有力的教师班底；白玉兰的芳香起了又消，不变的是存留在人们心里的芬芳，那是欣欣向荣的顺峰精神；蒲公英的身影越来越广，那是顺峰的“和美”留给大家越来越丰富的人生财富的象征。

因为“和美”，义卖市场上我们努力叫卖，尽己所能地奉献而不求回报；因为“和美”，体育场上我们挥汗如雨、无人退缩，坚持着我们不变的信念；因为“和美”，我们合作共进，课堂上的举手抢答看似竞争实则有力地提升着我们每个人。

因为“和美”，我懂得了什么是“和谐”，如何为“美好”。感谢顺峰，感谢已扎根在我们心底，影响着我们一言一行的“和美”。

初二（15）班 张 婧

三

踏进校园，映入眼帘的便是一片绿荫，高耸的教学楼，还有那洒脱的“和美”二字。

于我的认知之中，“和”便是团结、和气。

何为团结？我仍记得初二上学期那次体育艺术节。每一位同学都在努力地为班集体做贡献。艺术节上热情的舞蹈点燃了体育节的激情。参赛选手们在塑胶跑道上挥洒着汗水，其他同学的加油声、欢呼声比天高、比雷响。篮球比赛时同学们拖着疲惫的身体比赛，纵使输了，也秉持着“友谊第一，比赛第二”的原则，予对手以微笑，这便是团结，便是“和”。

说到和气，一位老师曾说过这么一句话：“和之一字，便像是一个人，一个家庭……”是的，我们顺峰便是一个大家庭，团结、和气。即使比赛输了，也不会影响到我们的友谊，这便是和气。初二（9）班便是大家庭中的小家庭，同学们偶尔会幼稚无知如孩童一般争吵、打闹，但是到第二天，便又是一幅和气美好的画面。生活在这个班，我只能说三个词：快乐、团结、和气。

说到这，我便想起俄国著名作家列夫·托尔斯泰的名言：“有了责任心，生活就有了真正的含义和自由。”不要总在抱怨、争吵、打闹，尝试着去承担“家庭”的责任，为班集体、学校做出贡献，无论大小，你便可知道一个家的快乐、和气，才能做到像校园中“和美”二字那般洒脱、自由。

“美”，便是心灵美、品德美。

心灵美，便是学会包容“家庭”中兄弟姐妹的过失，而不是在兄弟姐妹犯错时耻笑他们。马丁·路德·金曾说：“你们在路边殴打我们，把我们打得半死，奄奄一息，可是，我们仍然爱你们。”他是黑人领袖，拥有着比天更宽广的胸襟，令我敬佩，我们应该向他学习。体育艺术节时的那段日子，我与好朋友闹翻了，但最后她原谅了我的幼稚无知，我很感激她，同时我也很庆幸，没有丢失这份来之不易的友谊。这，便是宽容的力量。老师所要告诉我们的“美”之一字所蕴含的不正是这个意思吗？

何为道德美？那便是，一位老妇人，在面对屠杀自己孩子的同胞时，仍然给一位敌人一块黑面包，这便是爱。品质美，便是在面对暴风雨时，海燕不屈服的精神品质。你可曾低头捡一捡小纸团？你可曾欣赏过校园走廊上同学们写的每一篇文章、每一幅书法作品？你可曾努力学习不放弃，不论道路多么坎坷？

在人生道路上，可以哭，可以笑，偶尔也可以发发牢骚，但我们仍然得赶路。这便是学校、老师，以及“和美”二字所要告诉我们的！

在顺峰的生活中，我能感到团结、和气、快乐，这或许就是“和美”吧！

初二（9）班　樊如静

四

我校践行的教育理念是“和美”，这不仅是在校园中，亦是人们在社会上、生活上必须遵守的基本准则，也是我们向往的美好。“和”代表和平、和乐，“美”代表美好、美丽。它们组合起来叫做“和美”，在我看来是无比优美的词汇。

在日常生活中，我们常常会碰到关于“和美”的事例，许多善良之人的善良举动都象征着“和美”，他们在社会上充当北斗星，指引我们走向“和美之路”。我想，社会生活中有许多“和美”事例，还需要自己参与其中吗？我这么想，其实是错的。

在社会生活中有数不胜数的好人好事，那么，自己就可以光明正大地袖手旁观吗？不是的。自己也应该参与其中，当一个宣扬“和美”观念的小助手，这不仅能增强自身的道德，还能提高自身的修养。“和美”需要我们共同承担。

在学校里，处处是励志的名言警句，在学校的会议室里就有“厚德博学，勤而善悟”这八个字。学校的这番建设，在我看来犹如锦上添花，使校园的书香气息更加浓郁了。

校歌中的“啊，和美顺峰，和于心，美于行”唱出了我校办学以来一直践行的理念——和美。每每唱起校歌，心中总会洋溢着一种难以言表的感动，总会激起我蓬勃向上的动力，也许仅仅只为这两个字——和美。

"和美"是一种理念，是一个词语，也是一股动力。它是学校的办学理念，是美好的简单词语，也是促使我们不断进步的动力！

"和美"顺峰，"和美"社会，乃至"和美"世界，都是需要人们不断努力而实现的美好愿望！我看"和美"，行！

初一（10）班　毛依琴

五

"和美"是我们顺峰中学校园文化的核心。我们学校的口号就是："和美顺峰，心和行美，爱我顺峰，共进共赢！"

"和"字，在我看来，就是与同学和睦相处，对待老师要和善，请教同学要谦和，同学之间要和睦。

在日常生活中，课间同学们一起坐在椅子上聊天，开心玩耍，在课堂上一起认真学习，取长补短，不因为一些小事情闹矛盾，而是通过沟通解决问题；对老师要像对待亲人一样，不会的问题可以问，有什么心事可以说，有什么困难可以找老师商量；在学习上，我们总会遇到难题，请教同学时要谦虚真诚；同学之间要互相监督提高，不能包庇对方诸如抄袭作业等不良现象。

所谓"美"，其实有很多具体方面，我列举出我所了解的：诚信之美、艺术之美、团结之美、勤奋之美、礼仪之美。

诚信之美主要体现于考试、平时作业上；艺术之美体现于我们学校多姿多彩的校园社团活动中，比如乐队吹出的乐曲、舞队跳出的舞步；团结之美是班集体团结一心，你帮我我帮你；勤奋之美体现于我们课前是否预习，课后是否巩固，遇到难题是否迎难而上、不轻易放弃；礼仪之美也就是在看见长辈或同辈时打一声招呼，这是最基本的礼貌，还有就是衣着要整齐、端庄，这也是最基本的礼仪。

"和美"二字合在一起，完美无瑕，是品德高尚的前提，是被别人尊重的前提。康德说过："美，是道德上的善的象征。""和"则给人高尚的感觉。

初一（12）班　郭铧琳

我看“和美”

——来自家长的声音

一

和美，是一个人为人的标准。顺峰中学自确立了“和美教育”以来，不到五年就成为一所顺德领先的学校，对此我是十分认可的。

孩子进入顺峰校园后，我似乎放心多了。听人家津津乐道，顺峰中学优秀学生很多，不仅有良好的学习环境，而且教学方式别出心裁。这是真的吗？我怀着一颗将信将疑的心，追踪了一下孩子的学习状况。果然，孩子成绩有所提高，还变得彬彬有礼。看到这样我才万分惊喜，这个“和美教育”，果然不错。

深入点来说，“和美”是一个普及很广的词语。从古到今，很多时候是以和美来衡量一个人的品德和修养，学校在这方面来说，也是独具特色的。据我了解，学校刚刚推行了一种教育方式——师友互助。

刚开始，我还是不太满意的。这教育新改革有什么用？但随即我又觉得还是不错的。许多孩子胆子比较小，不怎么爱表现。师友互助刚好克服了这个问题。两个小伙伴一起坐着，大家互相讨论，互相交流。有一个同学在旁边，自然就大胆起来。这还有促进学习积极性的好处。更重要的是，这样维持了一段时间，自然加深了同学间的友谊。这怎么不是一件好事了？

俗语说：“三个臭皮匠，胜过诸葛亮。”这就恰恰表现了团结力量之大。不知不觉间，“和美教育”就渗透到人心里去了。用“和”来思考，用“美”来展示。既有对知识的追求，又有里外合一的体现，这不愧是个好主意。

确实，在政治方面是这样，只有用仁德去统治，才会国泰民安，用残暴去统治，政权就会被推翻。人也是一样，只有积极进取，乐观向上，和善对人，精神才会得到升华，这才是合格的人。推行“和美教育”，恰好体现了这一主旨。

不过，我还是有一点小小的建议，就是深入学生内心深处，根据他们的内心世界，设计出适合他们学习的方案，让他们更爱学习。还有多让他们接触大自然，培养实际能力，这就更彰显出和美了。

总的来说，“和美教育”不仅提高了学生的学习水平，而且是为人的基本。我希望学校能够更进一步将之加深，为祖国培养更多优秀的人才！

初一（6）班　吴沃流同学的家长

二

一个人做到“和美”，会得到更多人的尊敬；一个家庭做到“和美”，那么整个家庭都会很和谐。一个学校做到“和美”，那么学校的孩子们将会幸福地成长、快乐地学习。5月份的一次家长会，让我聆听到了顺峰中学的“和美”乐章。

当我走进初一（7）班的时候（说实话，这是我第一次去自己孩子的教室，确实心怀愧疚），首先映入我眼帘的是学生们的黑板报，透露着大气和细腻，与贴在墙上的“天行健，君子以自强不息；地势坤，君子以厚德载物”的名言遥相呼应。整个教室布置得隆重而简洁，仿佛在张开双臂欢迎各位家长，使家长们一进来就感受到了温馨和愉悦。

家长会正式开始，班上的两个学生代表带着无比激动的心情向我们家长描述了初一（7）班取得的各项成绩，还有他们对今后学习的展望，整个过程是在轻松愉快的时光中度过的。中间不由自主地爆发出雷鸣般的掌声，又似乎在欢呼，似乎在鼓励。

然后是老师发言，提出一些忠告，开展一些互动，我也踊跃参与其中，在与老师愉快的互动中，探讨孩子们的内心世界和兴趣爱好以及如何帮助孩子健康（包括身体健康和心理健康）地成长。

此时此刻，我仿佛想起了自己的青少年时代，那个时代的学生没有人教，有的只是给你做不完的作业，没有给你思考人生的机会。所以，现在的孩子很幸福，信息来源众多，一篇短小的微信推送就足以为他们找到人生答案。老师一句鼓励的话，一次长谈，一次激励，也足以为孩子们指明方向。所以，我要谢谢老师，谢谢顺峰中学，谢谢“和美教育”，谢谢这个时代！

初一（7）班　周扬同学的家长